運動基礎理論に学ぶ【武道のコツ】

コツでできる！合気道

日本武道学舎学長
吉田始史

BABジャパン

はじめに

「人間には、本当に合理的な身体の動かし方」があるのではないか？

この疑問が私の研究「運動基礎理論」の原点です。

この「運動基礎理論」というのは、簡単にいうと、生体力学《バイオメカニクス》的知識を自らの修行による試行錯誤によって深め、より実践的で、分かりやすく、誰にでもできる方法として積み重ね、まとめたものです。

私は「日本武道学舎」という場において、合気道や空手といった武道を通して、生徒たちとともに、これを日々実践しています。

この理論で私がいうことは、ほんの小さなきっかけであったり、ちょっとした意識のしかたであったりと、目に見えて大きなことではありません。ただ、そういったことを昔から「コツ」といっていたのだろうと思います。そういう意味では、「運動基礎理論」とは、身体を上手く使いこなすためのコツの集大成とも言い換えることもできるかもしれません。ただ、そう言った小さなコツの積み重ねこそが、一見理解しがたい力を発揮する「達人・名人技」の正体なのではないかと思います。

私は15才の頃から空手を始め、以来、合気道、剣道、柔道をはじめとする様々な武道を経験してきました。武道だけではなく、ウェイトトレーニングのように、身体を極限まで鍛える運動もしてきました。

その頃の私は、強くなるためにはスピードとパワーが必要だと思っていたので、とにかく、そのための鍛錬は欠かしませんでした。

でも、35際になった頃には、看護師という仕事も手伝ってか、冒頭に書いたような疑問が浮かんできたのです。それ以来、肘や膝などの身体のパーツごとの「合理的な動かし方」と、パーツとパーツどうしがどのように連動するのかに注目し、自らの実践を通して研究をしてきました。やがてそれらが積み重なっていくと人間の身体全体としての連動性、メカニズムのようなものが見えてきました。

こうして生まれた「運動基礎理論」は、つまり、いわゆる机上の理論ではなく、とても実践的で、やれば誰でも実感をもって身体で理解できるような、生きた理論といえます。

私はこれまでこの「運動基礎理論」を、あえて特定の専門分野にこだわらずに、発表・出版してきました。それは、より多くの人にとって、身近で役立つ本にしたかったからです。さまざまなジャンルのスポーツを題材にして拙著『武道のコツでスポーツに勝つ！』をつくり、次に日常的なレベルでの身体の使い方と健康の維持のために「正しい姿勢」を題材にして、拙著『仙骨姿勢講座』をつくりました。

それでは武道のような特定の専門分野を題材に、具体的に技に応用するとどうなるのか？　本書は、これをテーマとすべく、私が日々稽古してきた合気道を題材とすることにしました。

本書では、最初に「運動基礎理論」の基本と、体の部分部分の使い方として、技の解説に関わってくるものを主に解説します。

次に、「達人技」と呼ばれる技を「運動基礎理論」で解説することで、生体力学的《バイオメカニクス》にみて、達人技がいかに理にかなっているかということを説明します。その後で、「運動基礎理論」によって工夫を加えた日本武道学舎の技を通して動きのコツを紹介していきたいと思います。

また、本書の最後の章には、運動をする方ならば是非知っておいていただきたい生理学の知識を書いておきました。是非参考にしていただきたいと思います。

最後に付しておきたいことがあります。本書ではコツを紹介しますが、それは「コツで楽をして強くなる」のが目的ではなく、「上達を助ける稽古のコツ」だとお考えください。

技を追究するとはどういうことなのか？「喧嘩に強くなりたい」「自分に最低限の自信を持ちたい」「健康のため」など、動機は人それぞれにあると思います。ただ、共通して言えることはあります。

どんな技でも最低限の筋力は必要になり、その筋力を使うための姿勢を正しくしなければなりません。そうしなければ技はかかりません。それを身につけるためには自分を客観視しながら、何度も何度も繰り返し稽古しなければならないのです。その結果として、筋力のアップ、姿勢の矯正、自分への客観視というものを獲得することができます。そこに「運動基礎理論」というコツを加えてください。

さらに、稽古のための稽古にならないことも重要です。日本武道学舎の武道の稽古で得られるものは全て日常生活に直結したものです。正しい姿勢は説得力を生み、健康を保持し体を疲れさせません。この日常生活への直結こそが日本武道学舎合気道の眼目なのです。

「コツでできる！ 合気道」もくじ

第二章　運動基礎理論で説く　達人技分析……69

第三章 日本武道学舎合気道……85

第四章　知っておきたい身体の機能……149

第一章

運動基礎理論概説

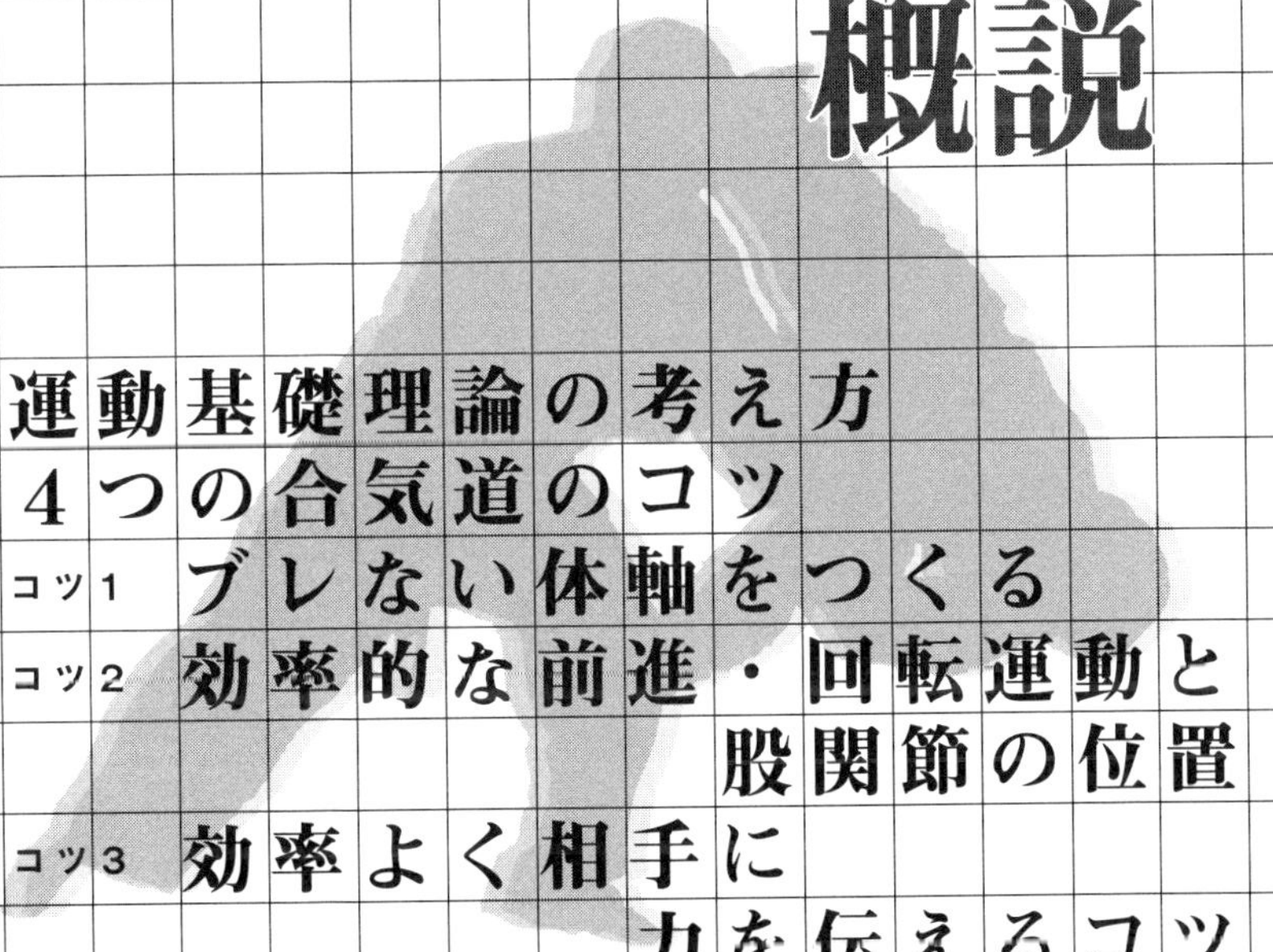

○運動基礎理論の考え方

○4つの合気道のコツ

○コツ1 ブレない体軸をつくる

○コツ2 効率的な前進・回転運動と股関節の位置

○コツ3 効率よく相手に力を伝えるコツ

○コツ4 呼吸で重心を操作する

運動基礎理論の考え方

■合気道――「剛」を通過してこそ「柔」が見えてくる

私は15歳から空手をはじめ、合気道をはじめたのが25、26歳の頃であったように記憶しております。打撃系格闘技を先に経験した人は、合気道に対して「合気道なんか使えない」とか、「馴れ合いだ」という見方することが多いかと思います。かく言う私も、そんな人たちのうちの一人でした。

なぜ、そういった見方になるのか？　その理由は大きく分けて2つあります。

1つは、合気道家の大部分が、打撃に対しての稽古をしないということ。

打撃の稽古、あるいは打撃に対する稽古を初心者からはじめると、合気道と打撃系の身体の使い方がごちゃ混ぜになってしまい本来の合気道がめざすところを見失ってしまうということならば、一理あるでしょう。ただ、ある程度技ができたら打撃に対する稽古もすると良いと思うのです。

また、よく「合気道は力じゃないから、力を入れてはダメだ」と言います。でもこれはオカシイ。

実は、合気道の達人と言われている先達は、皆が力自慢ばかり。それは、合気という「柔」の世界に入る前に、徹底して身体を鍛えているからだし、そういった人は合気道以外の武道も修練している。力

剛から柔への階梯

「剛」の期間
・必要最低限の筋力をつける
・正しい姿勢・身体の使い方を身につける
（力の出し方、伝え方）

真の「柔」
・合気
・脱力
・達人技

↓

とにかく稽古で汗を流す
＋
運動基礎理論の“コツ”で、
正しい姿勢と身体の使い方を実感する

↓

「剛」の期間を通過せずして
至ることはできない

「頭でっかち」になるな！ 汗を流せ！
稽古＋コツで確実な上達と己への自信を身につけよ！

という「剛」の部分を通過して、はじめて加齢とともに本物の「柔」が見えてくるものだと私は考えています。だから若いときはどんどん鍛錬するべきであると私は考えます。そして、稽古ではある程度技ができたら、相手に逆らってもらうような稽古も必要だと思います。

この1つめの理由は、もう1つにも大いに関わっています。

その2つめの理由というのは「汗をかかない」こと。

合気道の稽古では打撃系に比べると汗をかきません。もちろんすべてがそうとは言いませんが、一般的にそのような傾向があるように思えます。「汗をかかない」程度の運動量しかこなさないようでは、最低限の筋力や体力も身に付きません。

「汗をかかない」理由としては「頭から入りすぎる」ことがあげられます。これから理論を書こうという私が言うのもおかしな話ですが、悪い言葉で言うと「頭でっかち」なのです。誤解を恐れずに極端な言い方をさせてもらうと、腕立て伏せもできないで達人になろうとするということです。

合気道は理に適ったすばらしいものです。でも身に着けるためにはそれなりの苦労をしなければなりません。

■「運動基礎理論」は実践とともに理解せよ！

私が独自に編み上げた運動理論「運動基礎理論」――。「理論」というと何か難しく聞こえるかもしれませんが、あくまでも「基礎」ですから決して難しくはありません。

それに、「はじめに」でお話ししたように、「運動基礎理論」は生体力学《バイオメカニクス》的知識と稽古の実践の中から生まれた、とても実践的な理論です。だから、本書をお読みの読者の皆さんにはぜひ、「頭でっかち」にならないで、身体を動かしながら、自分の体感をもって理解をすすめてください。

ただ、注意する点としては、この本で扱うのは体の使い方の「コツ」を説明したもので、相手のいるような「乱捕り」や「組み手」を解説したものではないということです。この場合にも理論と稽古法はありますが、それでももう一冊本が出来てしまうほどのものなので、割愛します。

強くなりたい一心で稽古されている方は、とにかく乱取りの攻略法みたいなものを欲しがりますが、しかし、自分の身体を上手く使えない者が、動いている相手をどうにかしようとなど、できようはずもありません。ですから、まず徹底して自分の動きをコツとともに繰り返し稽古して、体力と筋力をつけることからはじめてほしいと思います。

■動きの本質は、骨、関節、筋肉

では、まず「運動基礎理論」でいう運動の基礎というものをご説明いたしましょう。

この「運動基礎理論」は、骨の構造と、それを動かす筋肉を知ることによって、全て運動に共通する原理を研究したものです。体を動かすということは、つまり「骨に付着している筋肉で、骨と骨をつなげている関節を動かす」という動作に他ならないからです。

私たちは普段何気なく身体を動かして日常生活を送っていますが、200数個の骨と、600以上の筋肉とが絶えず共演しているのが、「運動」なのです。これを改めて見直して、全ての合理的な運動、動きの共通性を見出してみる必要があります。こういった視点から骨、筋肉、関節といった身体の構造を使いこなすことができれば、どんなスポーツ、武道も同じようにできるはずなのです。

乱暴な分け方をすれば、運動を大きく別けると2つに分けることができます。

1つは「関節の可動域が広いところ」から「狭いところ」へ移行する運動。

もう1つは、「関節の可動域が狭いところ」に固定する運動です。

1.「可動域の広いところ」から「可動域の狭いところ」へ

前者というのは、簡単に言うと、実際の動作（本動作）を行う前に準備動作を必要とする動きです。たとえば、野球のピッチングやバッティング、テニスのスイングがあります。

ピッチングの肩と腕に注目していえば、ピッチャーは最初、肩（関節）を後ろに引き、腕を可動域の広い位置において腕を振り始め、勢いを付けます（準備動作）。そして、力を最大に発揮すべきタイミングの直前に、一瞬で肩（関節）を前に出し、ボールをリリースします。

肩の構造については、その項目（P．54）にて詳しく解説しますが、肩を後ろに引くと腕の可動域は広がり、前に出すと肩の可動域は狭くなります。「可動域が広い」というと良いことのように思えますが、それは時と場合によって良いことにも悪いことにもなります。

なぜなら、「可動域が広い」ということは、動きやすい反面で固定する力が弱いということです。ピッチングならば、脚や体幹部で作り出した大きな力を効率よく指先まで伝えられないということになり、バッティングではバットが球威に負けてしまうということです。

この「可動域が広いところから狭いところへ移動させる」運動は、タイミングを合わせるのが難しく、そのタイミングの合わせ方こそが、運動の上手・下手を分けてしまう大きな要因だといっても過言ではないでしょう。

だから、筋肉もただ強いのがよいのではなく、いかにベストのタイミングに合わせて、速く、滑らかに、そして力強く、骨を動かすことができるかが重要なのです。

可動域の広いポジションから、狭いポジションへ

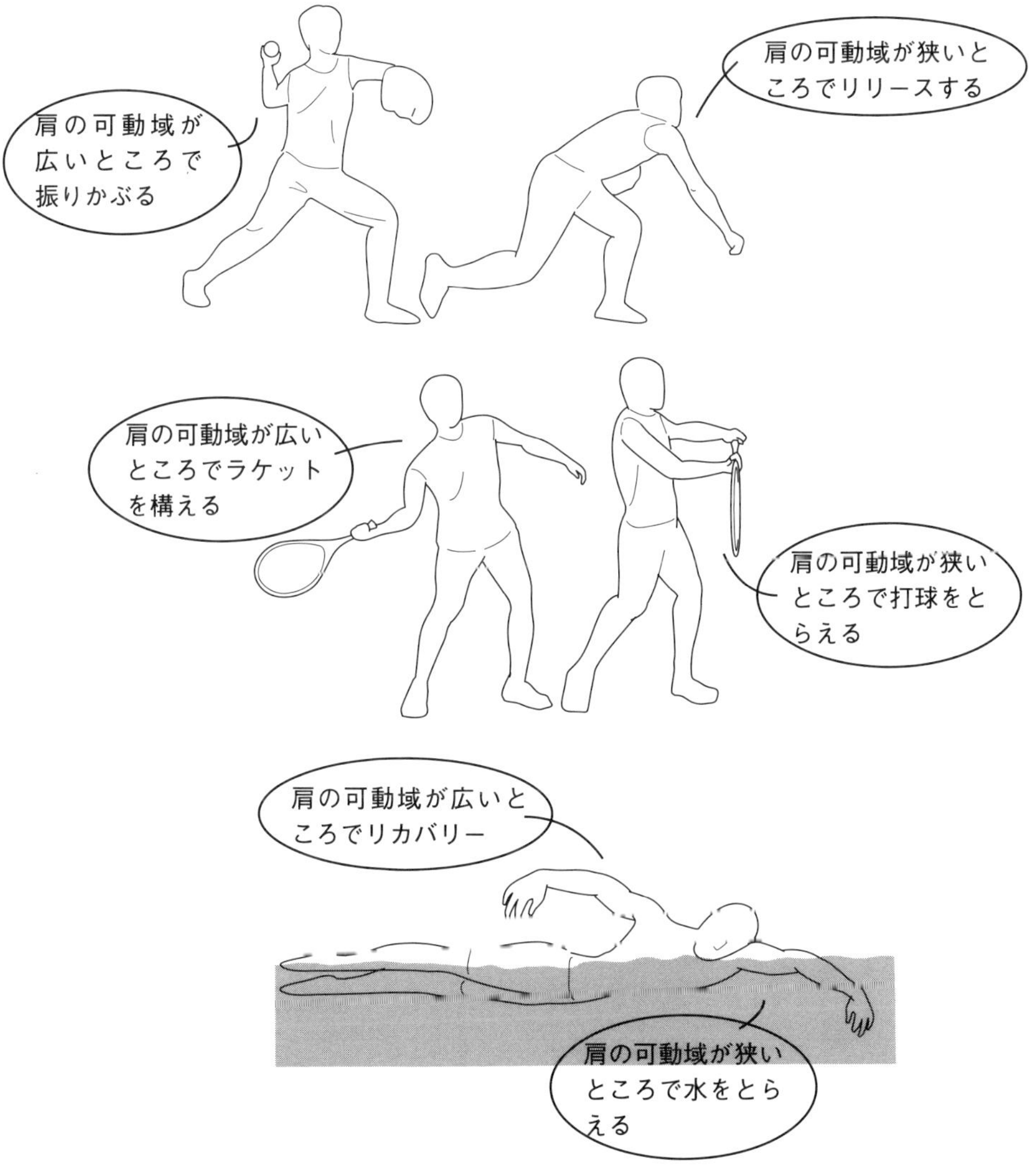

どんな運動でも、関節の可動域の「広いところ」と「狭いところ」を使いこなすことが、鍵となる！

2. 「可動域の狭いところ」に固定する

「運動基礎理論」でいう、もう1つの動き方は、「関節の可動域が狭いところ」に固定する運動です。本動作と準備動作の関係でいえば、「準備動作のない動き」です。

それは、武道のような、相手に動きを読まれずに、いつでも力を発揮する必要のある場合に重要な動き方です。むしろ、準備動作を極力避け、本動作のみで行わなければならない動きといえます。

先ほどの肩の例で言えば、空手の上級者の突きや合気道の投げでは、肩を後ろに引くことなく、すぐに前に固定することで、一瞬で脚や体幹部で作った力を効率よく腕に伝えられる状態になるのです。

先ほどの動きと違うのは、準備動作がないために相手に動きを読まれないし、一度可動域の広いところ（弱いところ）を通過しないので、そのタイミングを狙われる心配がないことです。つまり、相手がいる格闘技や武道でピッチングのように大きく振りかぶっていては、読まれて避けられるか、さもなくば反撃をくらいます。投げ技でも、振りかぶった瞬間に抵抗されては上手く投げられないばかりか、返し技で投げ返されてしまうかもしれません。

相手と近い場合も、すぐに力を出す必要があるので、「可動域の狭いところに固定する」動き方です。

こちらもやはり、ただ力強いだけでなく、速く、滑らかに骨を動かすことができる筋肉を鍛え、使い方を覚えることが、その種目で上達するためにはベストな方法なのです。

可動域の狭いポジションに、一瞬で固定する！

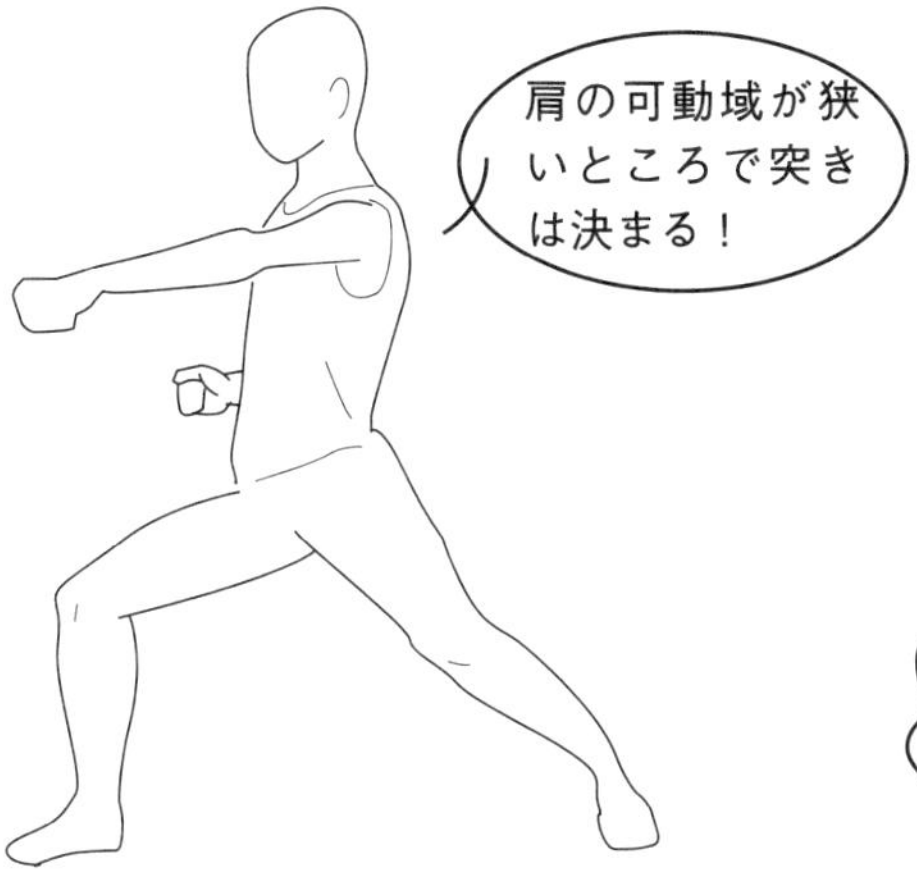

予備動作のない動きが求められる武道では、一瞬で関節を固定して、威力を発揮しなければならない！

■すべての基本は「正しい姿勢」

「運動基礎理論」で重要視されるのは、まずはすべての動きの基本となる「正しい姿勢」です。「正しい姿勢が良い」とよくいわれますが、それは具体的にどんな姿勢なのか？　そして、正しい姿勢ができると「動き」にどのような影響と効果を及ぼすのか？　それを明確に述べたものはなかなかありません。

「運動基礎理論」では、それを明確に定義し、その効果も簡単に体感できます。

「正しい姿勢」の作り方はこの後の項目（P．25）に詳述するとして、ここでは簡単にその効果を述べておくことにします。

「正しい姿勢」で得られる効果として、まず第一にその抜群の「安定感」です。正しい姿勢をしていると、自分でも驚くほどの「安定」を得ることができるのです。

そしてそれができるともう1つの効果として、「正しい力」を生み出します。経験したことのない人にとっては「意外」と思えるほどの力です。

また、正しい姿勢でいると、効率よく二本脚で立てるので、なにより楽ですし、健康にも良いです。さらに、見た目も変わるので、周囲の人に与える印象も良くなります。姿勢が悪い人よりも、姿勢が良く堂々とした人の方が説得力もあります。古代ギリシアの希代の雄弁家・デモステネス曰く、「雄弁の秘訣は、一にも二にも、姿勢である」のとおりです。

正しい姿勢がなければ、前項で述べたような、関節、筋肉、骨を理解した正しい動き方も身に付きません。ですからいつも正しい姿勢で立ち、正しい姿勢で動けるように稽古をしなければならないのです。

■体重＝重力を有効に使う

筋力ばかり鍛えても限界があり、やがて加齢とともに衰えていくでしょう。また、筋力がある頃に覚えた動きを、加齢とともに筋力が衰えてもなお続けていては、上手く技が使えないどころか身体に負担がかかり、故障の原因にもなりかねません。

「運動基礎理論」では、自分の身体が地球に引っ張られている力、つまり体重を有効に使うことで、加齢によって衰えることのない力の使い方を学びます。

もちろん、正しい姿勢を得るための必要最低限の筋力と体力は身につけねばなりません。そして、どんなときにも姿勢を制御し、コツを使いこなすための稽古量も必要です。

正しい姿勢をするための必要最低限の筋力と体力があってこそコツが活き、そのコツの積み重ねの先に達人技があるのではないでしょうか。

■屈筋よりも伸筋を使う

筋肉には、〝伸筋〟〝屈筋〟の2種類があります。身体を伸ばすのに使うのが伸筋で、曲げるのに使うのが屈筋です。体幹部でいえば、腹筋などの身体の前面にある筋肉は屈筋で、背中側にある筋肉は伸筋です。

身体には、伸筋の方がたくさんあります。伸筋は伸筋同士で連動し、屈筋は屈筋同士で連動するようになっていますので、たくさんある伸筋の方が総合的な力は屈筋よりも大きくなります。

しかも、屈筋を使って身体を使っていては、相手に抵抗されやすく、腕力と腕力のぶつかり合いになりやすいのです。

ですから、日本武道学舎合気道では、主に伸筋を使うようにしています。実は、後に紹介する【仙骨の締め】も【首の後ろ固定】も背筋という大きな伸筋を使うためのコツでもあります。股関節を後ろにさげないのも、脚の伸筋を使いやすくするコツでもあります。【肩の前固定】、【肘の絞り】も腕の伸筋を活かすコツです。

日本人は〝屈筋民族〟であり、屈筋優位の使い方が習慣化されているので、特に私のいう運動のコツが有効なのです。

■身体は連動する！

私たちの身体は、骨・関節・筋肉ですべてつながっていて、どこかが独立して動くことはありません。だから、「運動基礎理論」では、各パーツの理想的な動きとともに、必ずそのパーツと他のパーツとの連動性についても説明します。

「首と背骨」の連動は分かりやすい例ですが、「肩と股関節」も位置的には離れていても連動していますし、意外なところでは「腹筋と足の指」だって連動しているのです。

試しに、足の指で地面を掴むようにしながら腹筋に力を入れてみてください。そして、足の指に力を入れない場合と比べてみてください。足の指で地面を掴んだ方が腹筋に力が入りやすいはずです。

こういった身体の部分と部分とが連動する例も、なによりも体感することが重要なので、本書で説明することを身体で納得しながら読み進めてください。

4つの合気道のコツ

本一冊だけでは、人間の身体の使い方をすべてを説明することは不可能なので、本書では合気道をするための身体の使い方のコツに話題を絞って説明します。

とくに、次のポイントを中心にお話を進めていきたいと思います。

・ブレない体軸をつくる……背骨の意識
・効率的な前進・回転運動……股関節、膝の使い方
・効率良く力を伝える……肩、肘の使い方
・呼吸で重心を操作する……逆腹式呼吸の仕方

もちろん、いずれも合気道だけでなく、生活一般にも、他の武道にも、スポーツにも応用できるものです。そういった応用例に関しては、拙著『武道のコツでスポーツに勝つ!』並びに、『仙骨姿勢講座』や、同タイトルの映像作品をご覧いただき、本書とともに合わせて読んでもらえると理解度も増すことと思います。

コツ1
◎ブレない体軸をつくる……背骨の意識

■背骨の構造と理想のS字カーブ

人間の身体を支える〝軸〟とは何かといえば、私は「背骨」を基本に考えています。

人間の〝軸〟については、具体的なものから概念的なものまで、様々な理論が唱えられていて、もちろんそれらも一概に否定すべきものではないでしょう。私の「運動基礎理論」では、背骨という具体的な骨格を意識して、この可動域を締めて強度を高めることで、軸をつくる方法を指導しています。

具体的に体軸をつくる意識の説明をするまえに、人間の背骨について簡単に説明することにします。

人間の背骨は7つの頚椎、12の胸椎、5つの腰椎と仙骨からなっています（P．33の図参照）。背骨全体はS字のカーブを描いていて、胸椎で後ろへカーブして、腰椎で前へカーブしています。この構造によって、自分の身体にかかる地球の重力をうまく逃がせるような構造になっています。

ただ、最近はそのカーブが大きくなる傾向があるようです。つまり、SはSでも、S字が縦に潰れた状態になっているということです。胸椎の後ろへの曲がり方が大きすぎると、これが「猫背」であり、腰椎の前への曲がり方が大きすぎるとと、「反り腰」になります。

このような状態では、バランスが不安定ですし、体内では内臓器官が圧迫され、血流が滞り、病気を招く原因をつくり、そのうえ気分まで落込ませます。

この大きな要因は、背筋を伸ばすための筋力が低下していることです。これでは効率よく身体を支えられませんし、運動時には身体に余計な負荷をかけることになります。

人間の背骨の理想的なSカーブは、踵を壁につけた状態で、臀部のトップ、胸椎のトップ、そして後頭部が1本の線上にある状態です。

試しに、両踵を壁に着けて立ってみてください。最近のほとんどの人は、臀部のトップと背骨のトップをつけると、意識して無理につけないかぎり、後頭部が壁から離れてしまうようです。

背骨自体にも可動域があます。背骨の可動域は必要以上に大きくなると、動的になりすぎて、安定感を失うことになります。

反対に、可動域を狭くすると曲がり方が少しだけ浅くなり、より静的かつ安定感のある姿勢になります。背骨の可動域を狭くして、強化することを、【背骨の締め】と呼び、この背骨の状態が体の軸となるのです。

人間が日常で行っている運動でも、背骨は無理のない範囲で、可動域を広くしたり狭くしたりしているのです。これがいつも広すぎると身体に負担がかかり、締める方法を知っていれば体軸にもなるのです。また、手足を動かすにしても、体幹部である背筋を伸ばすところからはじめなければなりません。

筋肉には「屈筋」と「伸筋」がありますが、伸筋を使った方が、速く、滑らかで、強い動きが可能です。

自分の背筋は、真っ直ぐか？

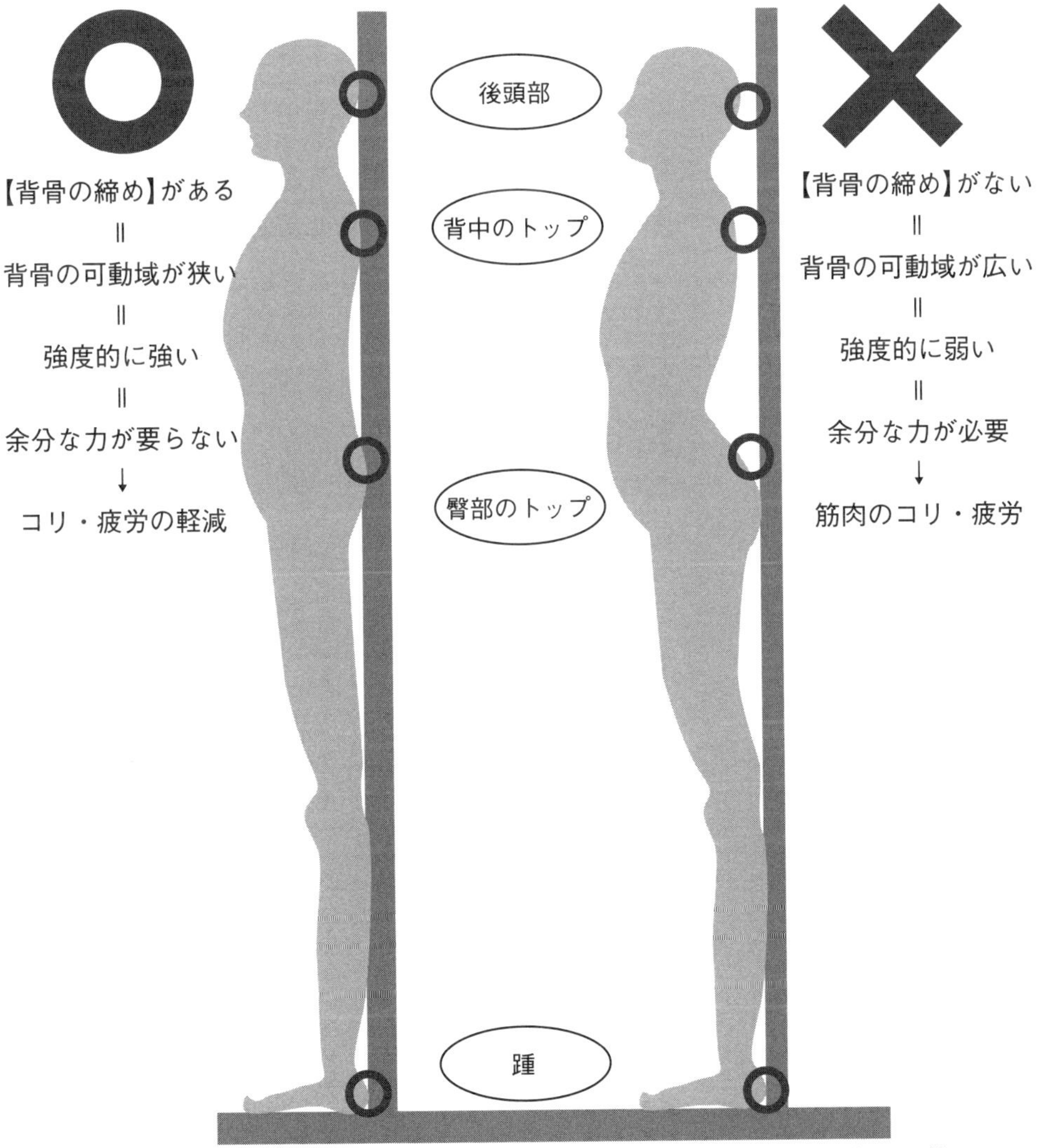

壁際に立ち、背を付けたとき、自然に上の点が付くかだろうか？　無理に付けているようでは、背骨の湾曲が適正でない証拠。もちろん、適宜使い分けることが重要である

身体の各所にある伸筋は互いに連動する性質を持つので、体幹部に備わる大きな伸筋である背筋を意識することがなにより重要なのです。この背筋の伸びがあってはじめて手足もよく伸び、自由になります。背骨という軸ができていなければ手足は自由にならないということを覚えていなければなりません。

私の経験から言うと「脱力」というものは「剛」を経過した後に至るものであり、手足の脱力は軸の完成にともなってできるものであると感じています。

このように、「背筋を伸ばす」というのは、ただ見た目だけの問題ではないのです。何事にも背筋を伸ばして向かって行きたいものです。

■背骨を理想的な形にする3つのポイント

では、体軸をつくるために背骨をどのように意識すれば正しい姿勢になるのでしょうか？　ただ「背筋を伸ばせ」と一言で言われても、漠然としていて分かりづらいものです。反対に「何番目の骨の角度が何度で……」と説明しても余計に分からなくなってしまいます。

そこで、「運動基礎理論」では、良い姿勢をつくるためにどうすればよいかを明確に指導するために、意識すべき3つのポイントを教えています。この3つのポイントを意識すれば、背骨は自ずと理想的なS字カーブになるのです。

その3つのポイントというのが【仙骨の締め】、【首の後ろ固定】、【腰力】です。

背骨の土台を強くする【仙骨の締め】で背骨の下半分の可動域を調整し、【首の後ろ固定】で背骨の上半分の可動域を調整します。そして、次の【腰力】については後で詳しく説明しますが、簡単にいうと、先の2つで調整した上下の背骨をつなぐカスガイの役割を果たす意識です。この3つの意識で背骨全体の可動域の調整をすることで、全身を一致させて力を出すことも可能なのです。

この3つについて、1つずつ説明していきましょう。

■1．仙骨の締め

ブレない体軸をつくる背骨の意識その1。背骨の下半分を調整する意識【仙骨の締め】です。

仙骨という骨を知っていますか？ 最近は、ダイエットの分野で骨盤が話題になっていますが、仙骨も骨盤を形成する骨のうちの1つです。

仙骨とは、背骨の腰椎の下に位置し、かつ骨盤の中央にある逆三角形の骨です。

あまり注目されることのない骨ですが、背骨を下から支える土台であり、骨格的には上半身を下半身に繋げる唯一の骨です。そして、骨盤の中心で下半身をコントロールしている重要な骨格なのです。

だてに仙人の〝仙〟の字を冠していない、人体の要ともいえる骨なのです。

仙骨の詳しい構造やこれを用いた日常生活を快適に過ごすコツについては、拙著『仙骨姿勢講座』に譲るとして、本書では簡単に説明をします。

仙骨の状態には大きく分けて2種類があります。【仙骨の締め】と【仙骨の返し】です。【仙骨の返し】というのは、腰椎あたりから腰を反るようにする、いわゆる反り腰と呼ばれる姿勢です。

【仙骨の締め】は、その反対に尾てい骨を股の間に入れるようにする姿勢です。分かりづらい方は、ケンカに負けた犬がしっぽを丸めているのを思い浮かべてみてください。

仙骨を締めることで、お尻の筋肉が強く締まります。これはご自分のお尻を触りながら実感してください。骨格的には、腰椎の反り方は浅くなり、背骨のS字の下半分の曲がり具合が適正の範囲に収まり、強い姿勢になります。

背骨の意識１【仙骨の締め】

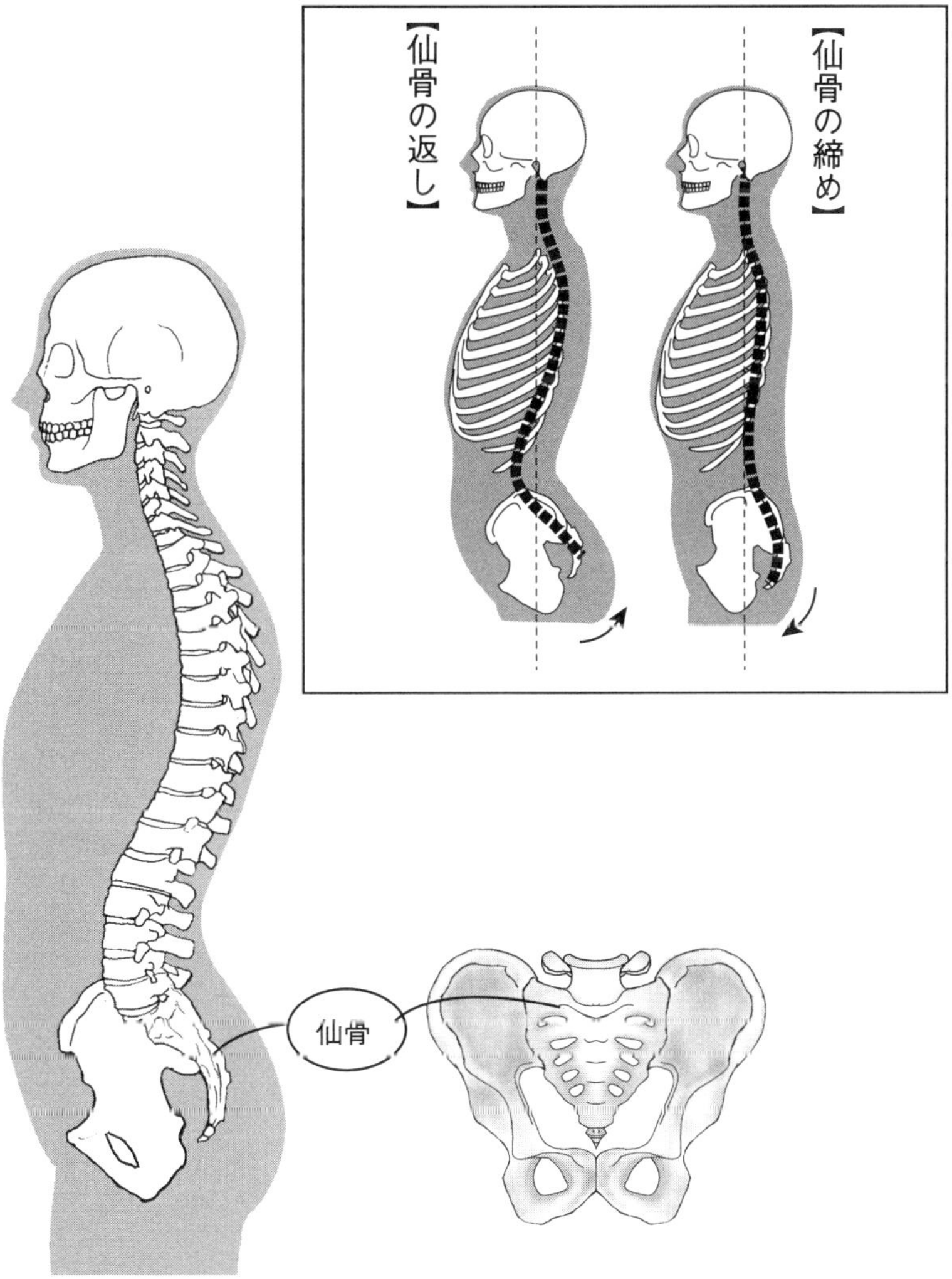

「ブレない体軸」をつくる背骨の意識その１。背骨の下半分を操作し、同時に骨盤の操作、股関節の操作を通して下肢への影響力も大きい。「運動基礎理論」のなかでも、重要な身体の使い方なのでぜひ体得してほしい

■2．首の後ろ固定

ブレない体軸をつくるための背骨の意識。その2つ目は、頸椎つまり首の意識です。「可動域が広い状態」よりも「可動域が狭い状態」の方が固定する力が強いのは、首という関節も同様です。ですので、その可動域について考えてみましょう。

首の可動域については、いろいろな武道やスポーツにおいて随分と昔から言い伝えられています。それは「アゴを引く」という言葉です。

ただ、「アゴを引く」といっても、正しいアゴの引き方を知っている人は少ないようです。もちろん知らず知らずのうちに、正しい引き方をしている人もいます。そのようにできている人は、何をしても軸がブレにくく、安定感があります。

その正しいアゴの引き方＝【首の後ろ固定】のしかたを説明します。

まず、次ページを見てください。図Ａはアゴが前に出て、頭の重さが首の負担になっている状態です。正しいアゴの引き方というのは、図Ｂのように頭を真っ直ぐ立てたまま首ごと後ろに引く動きです。胸椎の一番出っ張った部分（胸椎4～6番、ちょうど左右の肩胛骨の間あたり）を引っ込めるようにしながら、頸椎の全体を後ろに膨らませるように意識してください。すると胸椎から上の骨が、頭を下から支える状態になります。

背骨の意識２【首の後ろ固定】

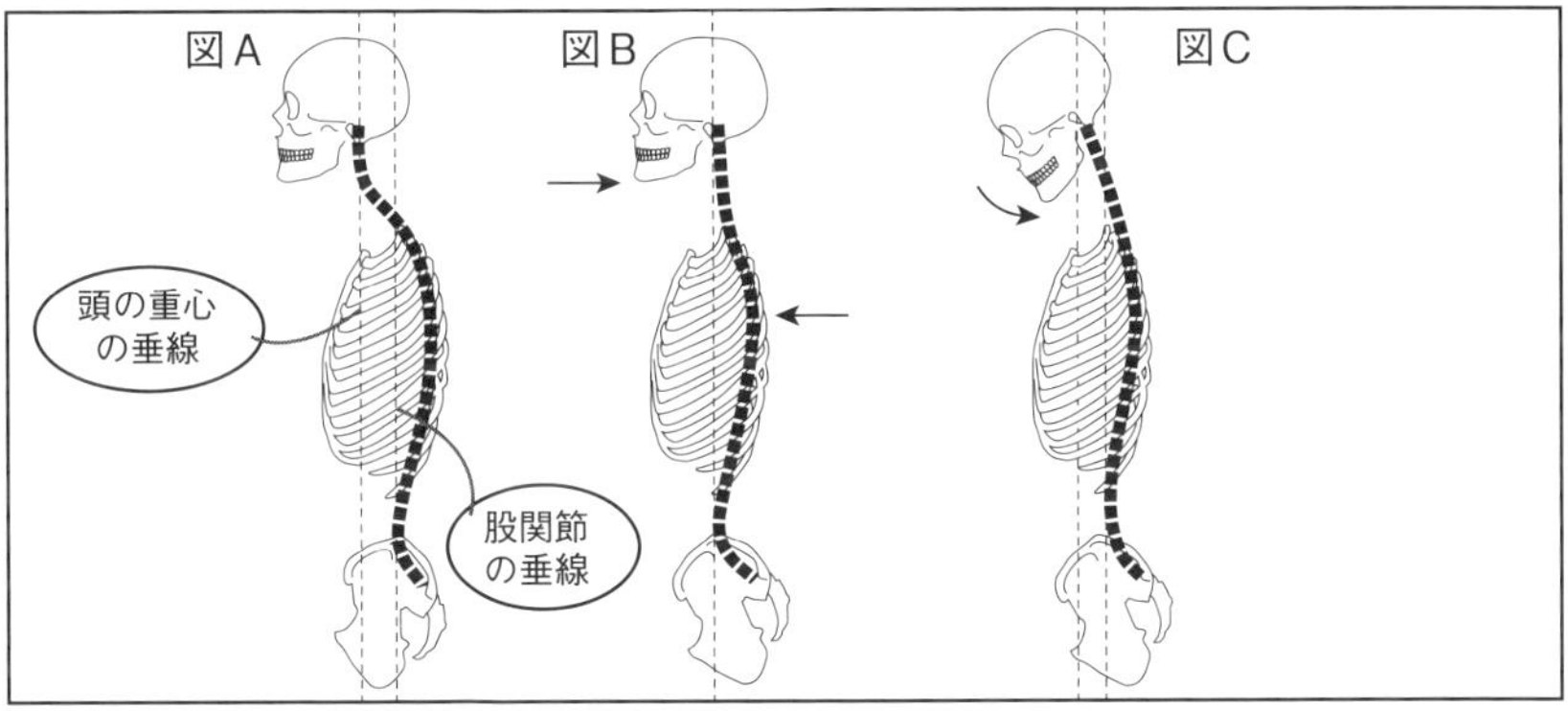

図Ａ……アゴが前に出て、首の湾曲が大きくなっている状態。
首や肩の筋肉に負担がかかっている
図Ｂ……【首の後ろ固定】の状態。首を後ろに引きながら胸椎をへこませることで、頭の重心を背骨全体で支えることができる
図Ｃ……アゴをのどに付けるだけの間違ったアゴの引き方。

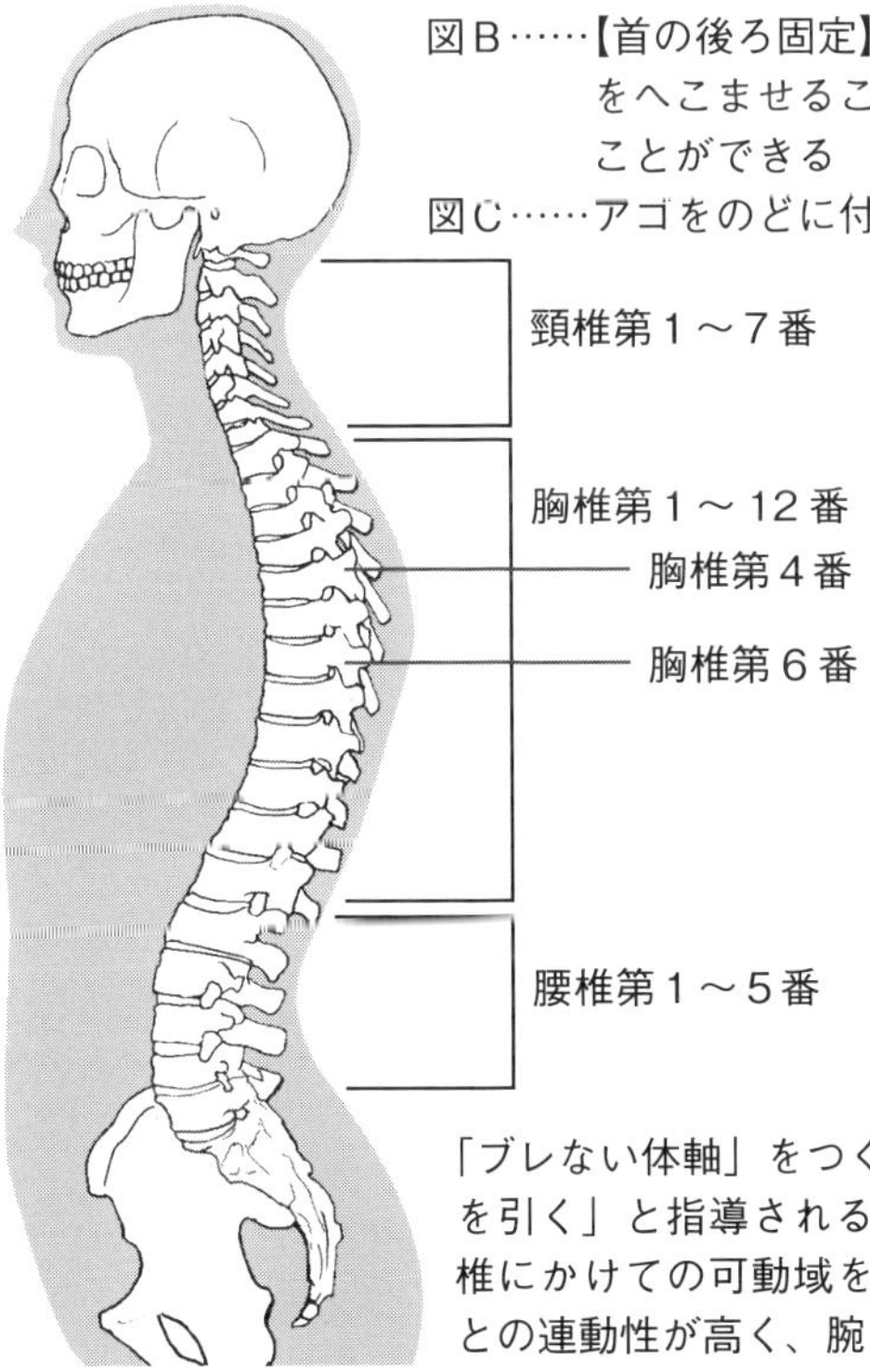

「ブレない体軸」をつくる背骨の意識その２。一般に「アゴを引く」と指導される事が多い。背骨の上半分、頸椎～胸椎にかけての可動域を制限し、強化することができる。腕との連動性が高く、腕を使う動作では非常に有効なコツ

図Ｃのように、首を前に倒してアゴだけをのどにつけるようにしても意味がありません。【首の後ろ固定】をした姿勢になると、背骨のＳ字カーブの上半分が反りが浅くなり、背骨上半分の余分な可動域を狭くします。これで胸から上の安定感が増すばかりでなく、それに連動して肩、腕を強くすることができます。

ちなみに、先ほどの【仙骨の締め】と【首の後ろ固定】を行った姿勢のことを、私はこの姿勢を「うんこ我慢の姿勢」と呼んでいます。私の日本武道学舎では女性や子どもにも、武道や健康法を指導していますが、あまり運動をされない女性や、子どもたちには、「うんこ我慢の姿勢」のほうが分かりやすいようです。誰でも体験したことがあるからでしょう。

▲実験・首後ろ固定の効果

では、この【首の後ろ固定】の効果を次の実験で体感してください。

柔道の組み手で相手と組み合ってください。その体勢から相手に押したり引いたりしてもらい、アゴを前に出した場合と、【首の後ろ固定】をした場合を比較してください。

アゴが前に出ていて、首が前に出ている姿勢では、引かれたり押されたりするたび、肩がすぐ前後左右に動かされ身体も不安定なはずです。

それに対して、正しくアゴを引く、つまり【首の後ろ固定】をすると不思議と自分の軸がしっかりとし、首を前に出した状態と比較して動かされづらくなっているのに気がつくはずです。

◎腕の重さを変える実験

【首の後ろ固定】無し

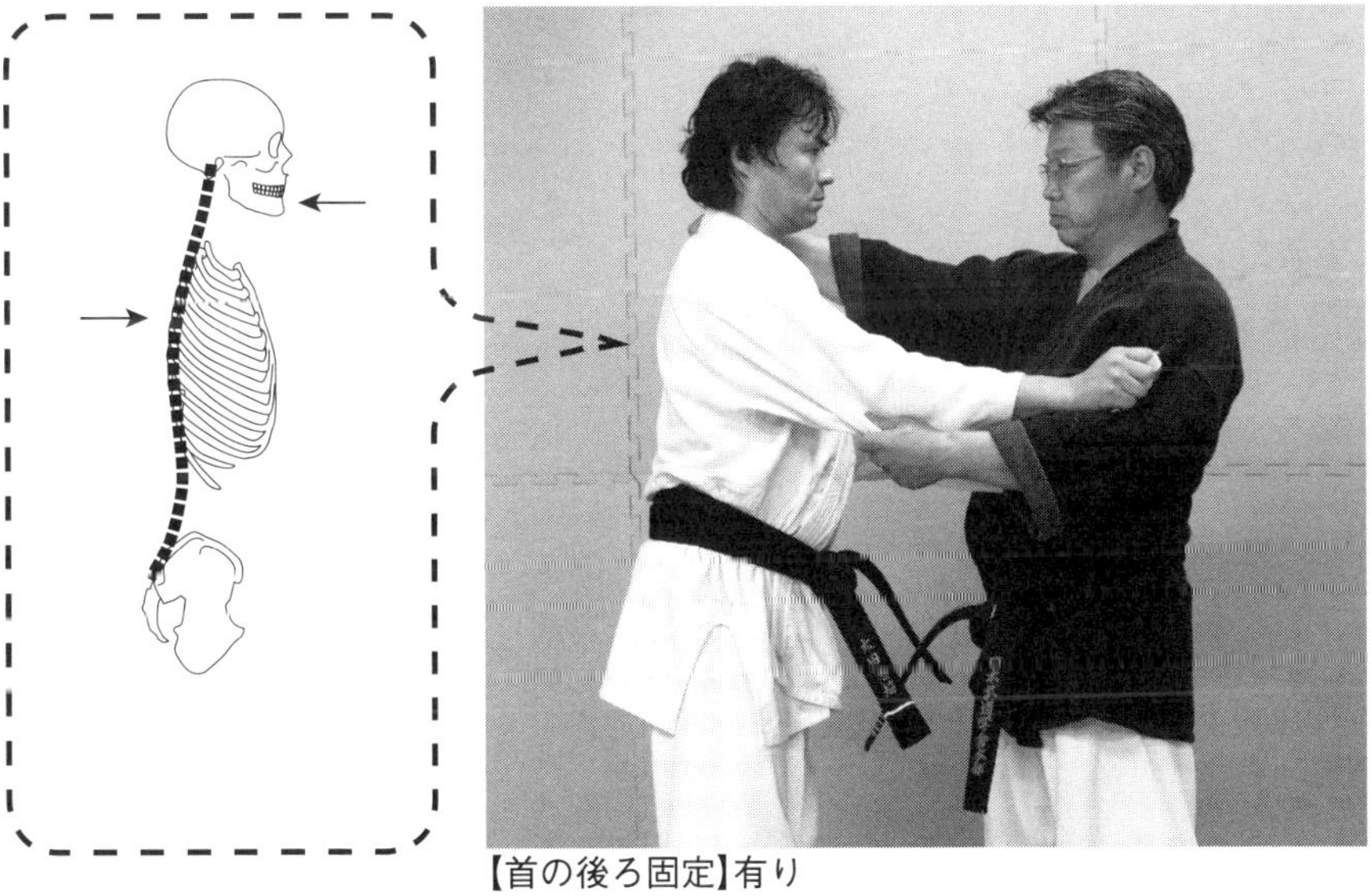

【首の後ろ固定】有り

相手と組み合う格闘技では、特に首の後ろ固定は重要になりますので、是非身につけて欲しいと思います。

■3. 腰力

ブレない体軸をつくる背骨の意識その3は、腰への意識です。ここで説明する【腰力】とは、私が考えた言葉で、一般に言われている腰の力とは少し違います。

先ほどの【仙骨の締め】と【首の後ろ固定】を合わせて行うだけでも、背骨全体のS字カーブが正しい曲がり具合になり、正しい姿勢になりますが、【腰力】とは上下の軸をつなぐカスガイとして体幹部の筋力に入れる力であり、ひいてはそれによって発揮される力のことでもあります。

一般的に「腰の力を使う」というと、体幹部を腰のくびれのあたりから曲げる、伸ばす、ひねることで得られる総合的な力をさします。

これを生体力学的に説明をしますと、人体の構造としては、腰椎3番は前後の動きを司り、胸椎12番は回転動作を司ります。この2つの部分を中心に、背筋や腹筋などの筋力を使い、体幹部を曲げる、伸ばす、ひねるなどの動きを可能としているのです。この動きは可動域が広く、フレキシブルな動きができる人体の優れた構造といえます。

それらの動きを総合して使うことで、ある程度の力を得ることはでき、これを一般的に腰の力と呼んでいるのです。

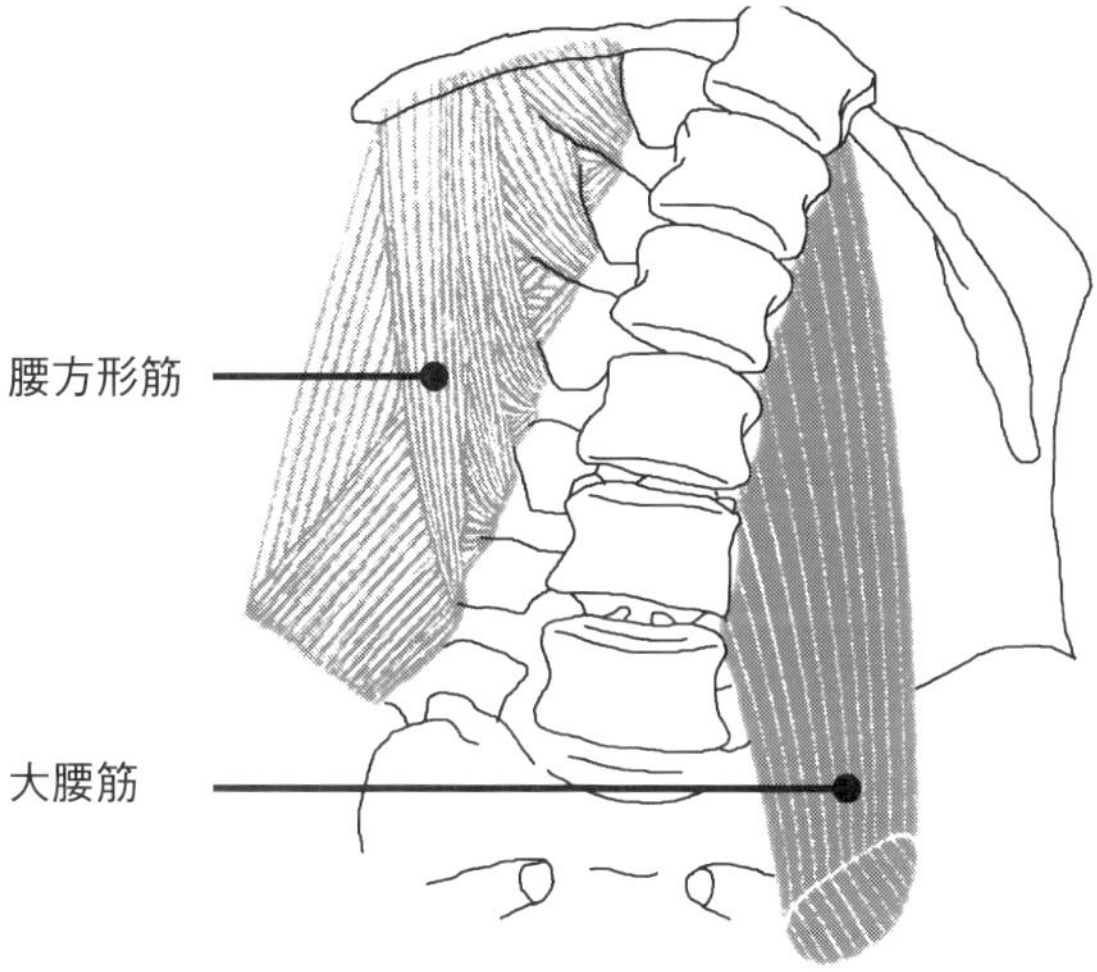

腰方形筋と大腰筋

腰方形筋は、四辺形の薄い筋層をなす。
大腰筋は、腰方形筋の前に位置する。腰と脚を直接結ぶ筋群。
大腿骨が固定され、股関節が他の関節周囲筋の収縮により安定すれば、大腰筋は腰椎に対して非常に強力な効果を持つ（『カパンディ関節の生理学』より）
分かりやすく言えば、仙骨を締め、締める意識を腰上部まで持っていくと、腰椎をより固定することができるということ。

ただ、そのような一般的な腰の力は腹筋や背筋などの筋力に頼った動きですから、加齢とともに衰えますし、腰椎3番あるいは胸椎の12番から上の体重を使うことしかできないので、力の効率はそれほどよくありません。

もちろんこういった曲げる、伸ばす、ひねるなどの動きをするような総合力も必要ですが、私がいう【腰力】を知ることにより、本当の意味で自分の体重を使うことができるようになるはずです。そして、自分の軸もできるため、体がブレなくなる効果があります。何より加齢による筋力の衰えをカバーすることができるというのも魅力の一つです。

【腰力】とは、【首の後ろ固定】で得られた背骨の上半分の軸と、【仙骨の締め】で得られた背骨の下半分の軸の接点である、胸椎12番から腰椎3番を固定してつなぎあわせ、背骨の可動域を適正な範囲で制御して、背骨そのものを強い一本の軸になしえるものです。背骨の上と下を固定するカスガイの役割をするといってもよいで

背骨の意識３【腰力】

【仙骨の締め】【首の後ろ固定】を行うと（右下図）、していない状態（右上図）と比べて、後ろに反る角度、腰から捻れる角度がともに浅くなる。

つまり、背骨の可動域が抑えられ、軸が強化された状態といえる

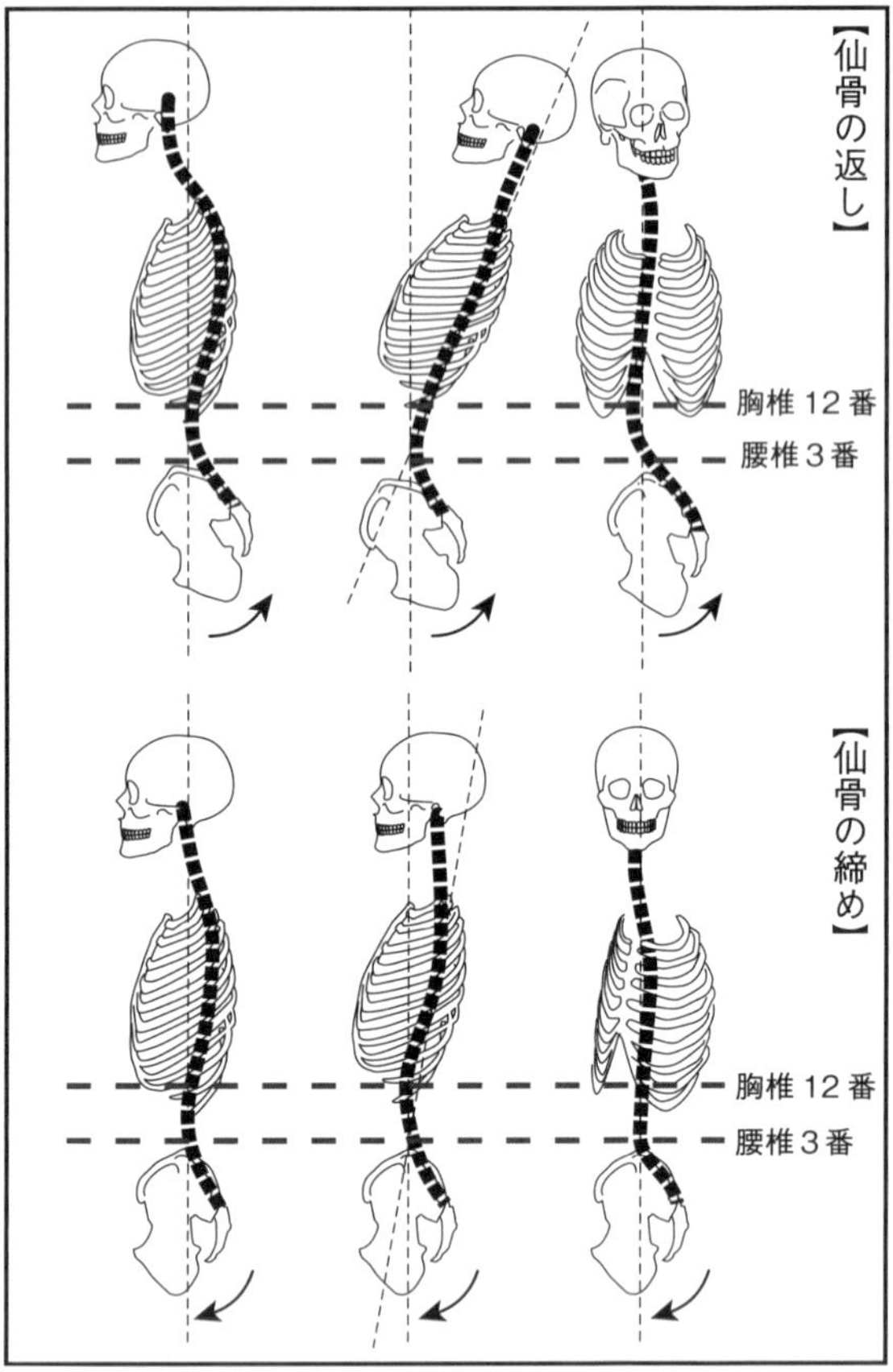

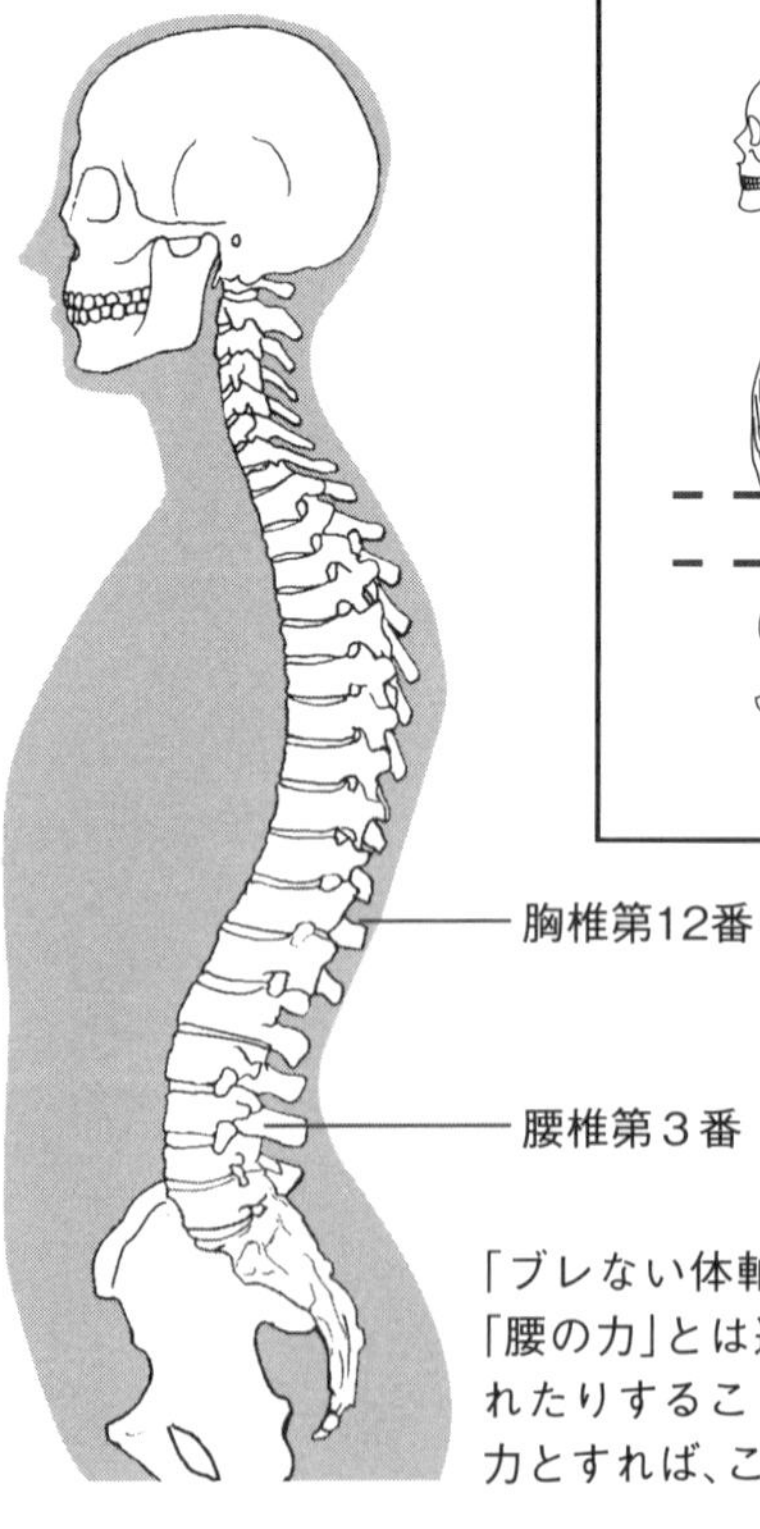

「ブレない体軸」をつくる背骨の意識その３。一般に言う「腰の力」とは違い、胸椎と腰椎から身体が曲がったり、捻れたりすることを抑制する力。一般的な「腰の力」が動の力とすれば、こちらは固定するための静の力といえる

しょう。

そういう意味で言えば、一般的な腰の力を総合力とすれば、私がいう【腰力】とは「固定力」です。生体力学的にいえば、【腰力】とは腰方形筋と腰筋への意識を強くし、鍛えることにより得られるのですが、その鍛え方を具体的な動きで示すことができません。【仙骨の締め】【首の後ろ固定】によって、体軸をつくる稽古を繰り返すことが一番の近道です。

この意識ができることにより動きに劇的な変化を期待できますし、腹筋の強化、丹田の練りを含め、まだ未知数な可能性を秘めています。

■ブレない体軸の効果

ブレない体軸をつくる3つの背骨の意識について説明してきました。この体軸の獲得により得られる効果について、簡単な実験とともに紹介しておきましょう。

ブレない体軸をつくると、背筋を伸ばした正しい姿勢になります。「背筋を伸ばす」と言うよりは「背筋を張る」と言った方が正確な表現かもしれません。立ち方はもちろん、動きの中でも背中を使うことは非常に大切です。

背筋は腹筋の何倍もの厚さをもつ強い筋肉群です。正しい姿勢で背中を緊張させると正しい腹筋の緊張が生まれますが、腹筋のみの緊張では背筋の正しい緊張をえることができないのです。実際の技でも腹筋に少しでもよけいな緊張がかかると思うようにかかりません。とにかく正しい背中の使い方を覚えたいものです。

▲背筋の張りと四肢の重み

さて、ブレない体軸により背筋を伸ばすことが、いかに四肢つまり腕や脚に影響を与えるかということを実験してみましょう。

まず、相手と正対し、自分の右手首を相手に左手で下から掴んでもらいます。こちらは手を下にして、肩をおろすようにして手を下に軽くさげます。相手には、下から持ちあげようとしてもらいます。そして、図Aのように猫背にした姿勢と、図Bのように【仙骨の締め】と、【首の後ろ固定】をした姿勢で腕の重さを比べてもらいます。

どうでしょうか？　図Bのような姿勢をした方が、はるかに腕が重くなっているのを実感できるはずです。（実験の際に、力みすぎて腹筋に力が入ってしまうと、上体が前傾したり、猫背になったりしやすいので、背筋を伸ばすことを意識してください。）

これは脚にも同じことが言えます。図Cのように悪い姿勢で相手に脚をもってもらうのと、図Dのように背筋を張って正しい姿勢をした状態で脚を抱えてもらうのと、どちらの方のより脚が重く感じられるでしょうか？　もちろん図Dのほうがはるかに重く、動かなく感じるはずです。

◎腕の重さを変える実験

A：猫背で実験してみる。あっけなく手は挙げられてしまう。

B：軸をつくって実験してみる。相手は重みを感じる。

◎腕の重さを変える実験

C：猫背で脚を持ってもらう。相手は軽々と持っていられる

D:脚を持たせたまま、軸をつくる。途端に、相手には重さがかかる

コツ2

◎効率的な前進・回転動作と股関節の位置

身体の軸を維持しながら、かつ自らの体重を有効に利用しながら移動するためには、股関節が非常に大きな役割を担っています。

股関節は、骨盤に大腿部の骨頭がソケットのようにはまり込んでいる関節で、可動域の高い関節の1つです。この使い方が本節のテーマです。

股関節については、普段は柔軟体操をするときくらいにしか、意識されないのではないのでしょうか。ところが、合気道の技にとって、股関節の位置というのは非常に大切なポイントです。

体軸を維持しながら、体重を有効に使いたいならば、「股関節は後ろにさげない」、これが原則です。

合気道には大まかに言って、前後動作と回転動作がありますが、どちらにもこの原則は当てはまります。合気道の動きというのは、自分の腕や肩を通じて、自分の体重を相手に効率よく伝えることがポイントになります。この原則を守ることで、合気道に必要な身体の使い方を得ることができます。

ところが、股関節が後ろにさがってしまうと、たちまち腕力だけの技になってしまうのです。

■前後動作

まずは、前後の動作の説明をしましょう。

【腰力】の項目で説明した通り、人間は腰椎3番から前後に曲がります。この前後に腰から曲がるような動きでは、股関節は後ろにさがることになります。これでは、相手に体重を変えようとすると、上半身だけが相手にもたれかかるような動きになります。

いくら相手に体重を掛けているつもりでも、股関節がさがれば腰も引けていますので、結局自分の体重は自分で支えていることになり、相手にとってはただ単に姿勢が悪いだけなのです。

そこで、【仙骨の締め】を行ってみましょう。先ほどは背骨を意識しましたが、今度は股関節を意識してみてください。股関節の前面に前に張り出すような力を感じるはずです。

このとき、背骨の下半分に軸ができると同時に、股関節が締まることで骨盤と大腿骨の固定力が増し、体幹部と下肢の連動性が高まっている状態です。

次に、この状態を維持したまま、前に出る動きをしましょう。

意識としては、仙骨を締めることによって、膝を前に出すような感じです。両膝を前に押し出して、床に着けるようにすると分かりやすいでしょう。

この、仙骨と股関節、膝の動きによって、上半身が垂直に立ったまま、前に平行移動することにな

股関節はさげない

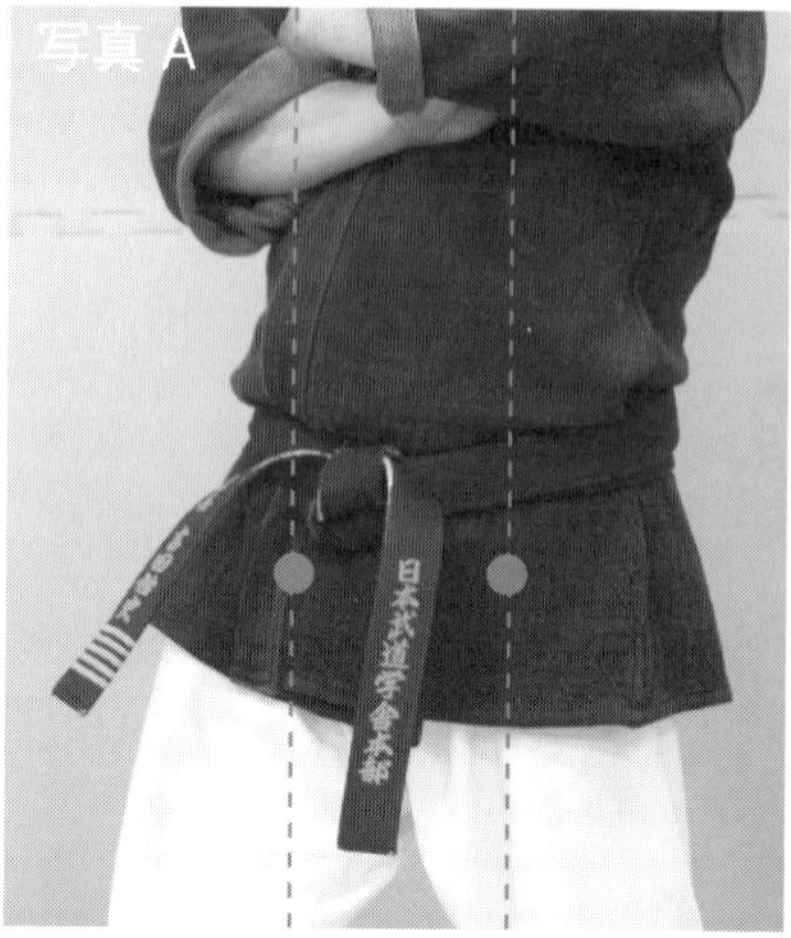

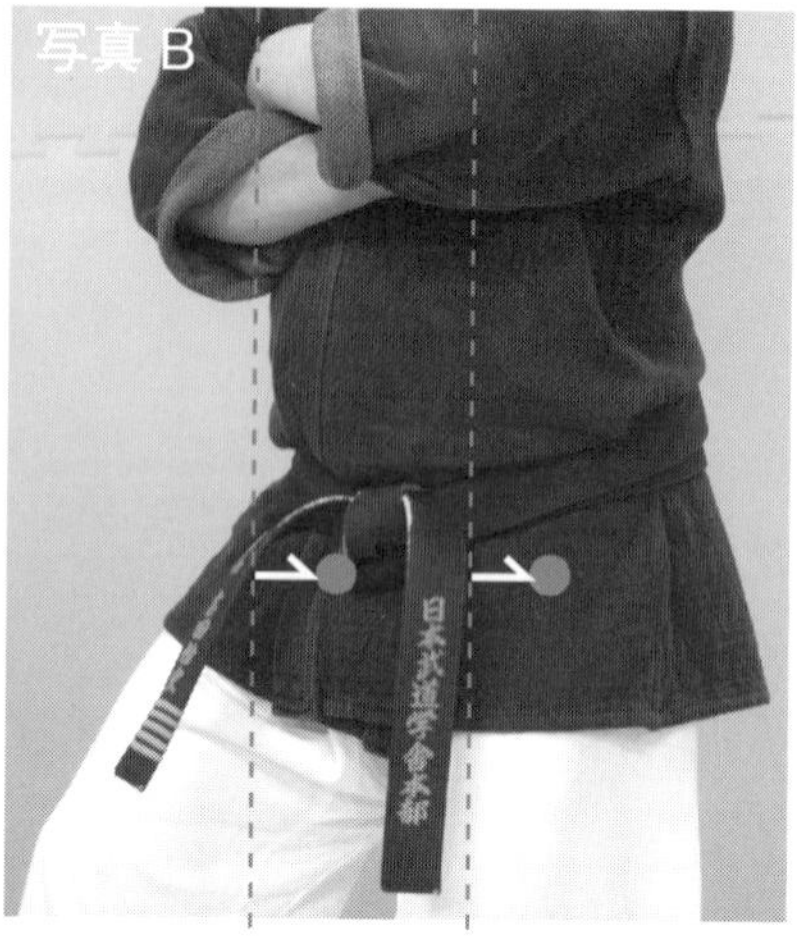

写真 A、図 A'
股関節を前に張った状態＝
【仙骨の締め】の状態
写真 B、図 B'
股関節が後ろにさがった状態

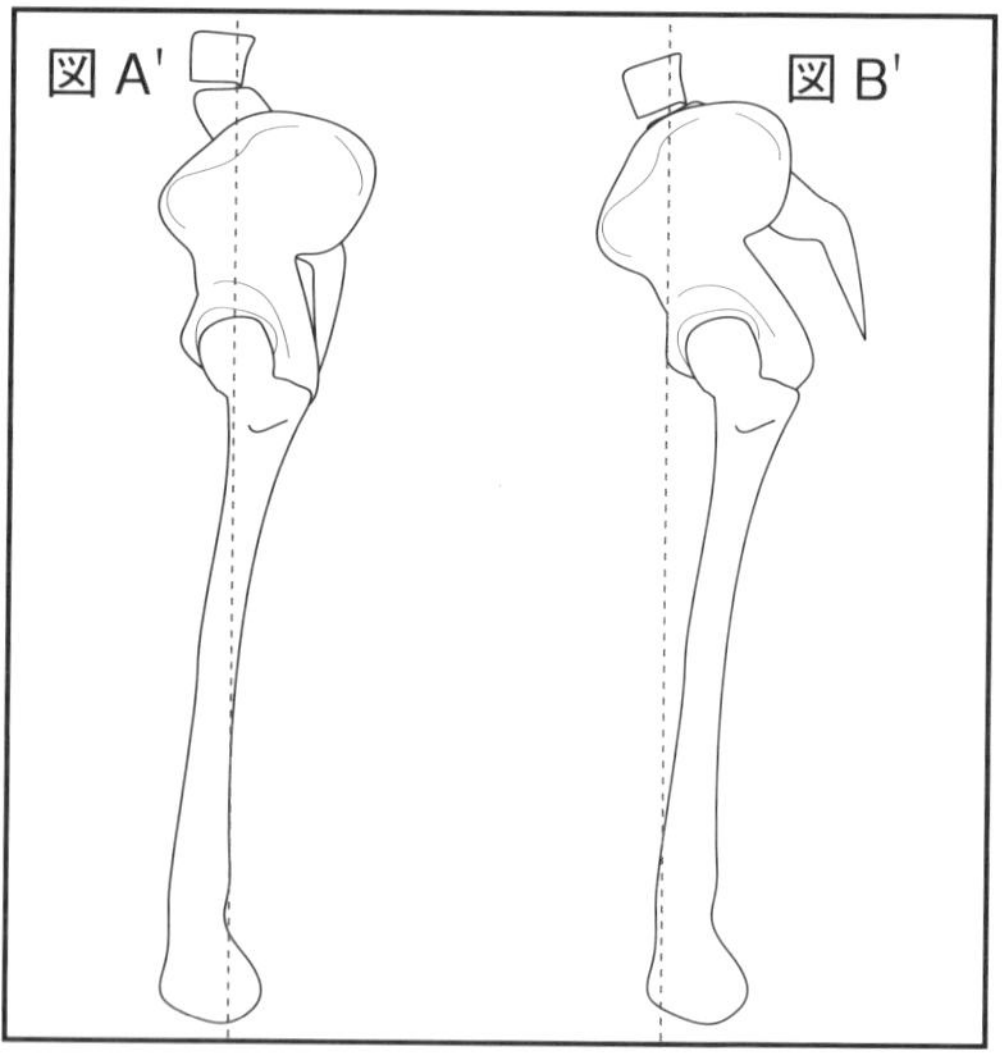

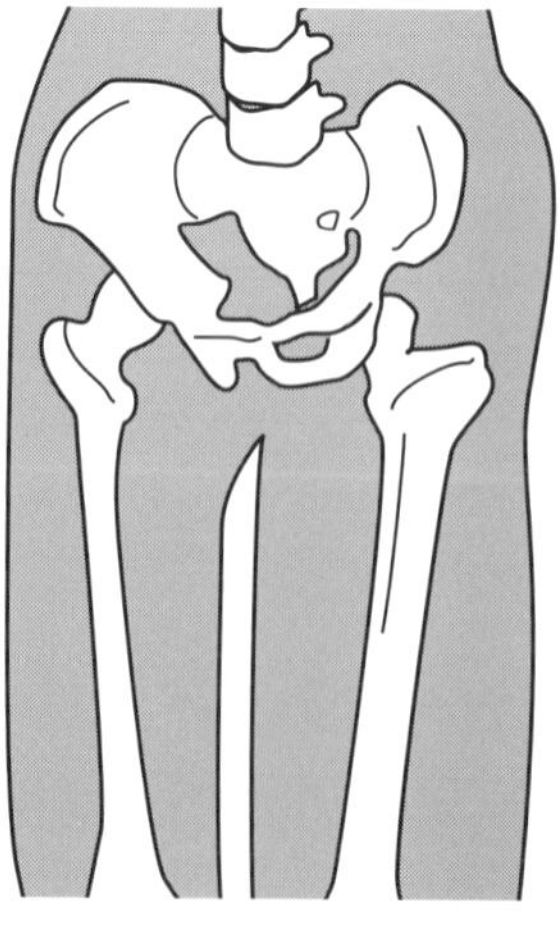

【仙骨の締め】をすると、股関節が前に張る。この状態は、重心が脚に正しく乗るとともに、骨盤と大腿骨骨頭の固定力が高まる。姿勢が安定し、床を蹴った力が体幹部に伝わりやすく、また体幹部の力が脚に伝わりやすい状態となっている

上体を立てたまま、膝で前に出る

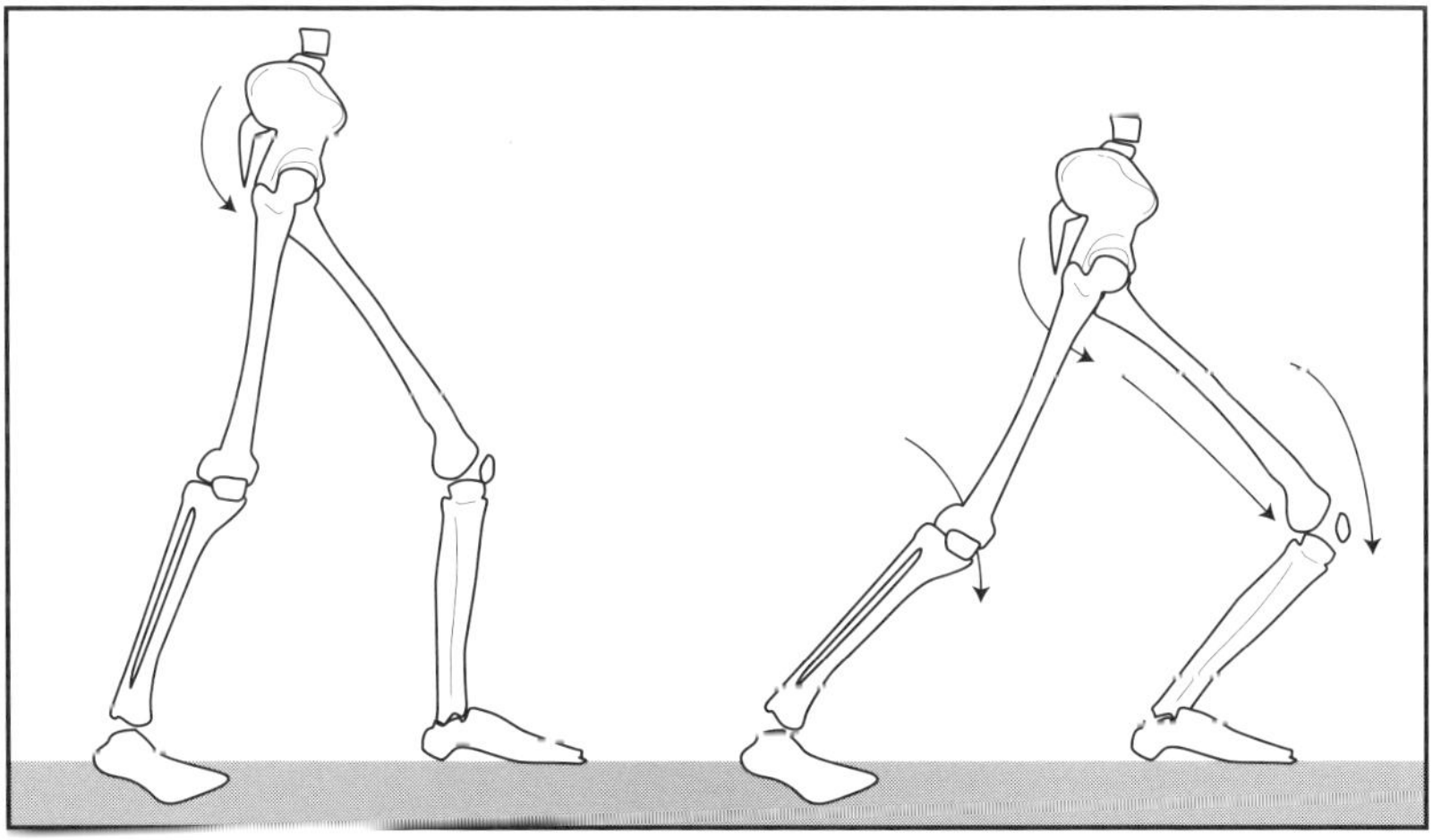

仙骨を締める力で膝を押す感覚がつかめれば、上体を垂直に立てたままで前に出られる

◎上膝で上体を立てたまま前に出す実験

B：仙骨を締めて、背筋を伸ばしてもたれかかる

A：身体を斜めに倒すようにしてもたれかかる

ります。つまり、体軸を保ったままの動きとなるのです。この状態でこそ、自分の体重を有効に相手に伝えることができるのです。

その効果を実験してみましょう。

胸の前で腕を組んで、相手と向かい合います。組んだ腕を相手に下から支えてもらい、こちらはそこにもたれかかるようにします。

このとき、身体を斜めにしてもたれかかるようにして体重をかけたとき（写真A）と、体軸を立てたまま膝で体重をかけたとき（写真B）では、重さの伝わりようがまったく違います。それは相手の崩れ方を見れば一目瞭然です。

踵で床を捉える

前進するときは、つま先ではなく、踵で蹴ることで、膝が過不足なく伸びる

膝と踵の連動と【脚の絞り】

前進する運動をする際の、下肢の連動について補足しておきます。

足を前後に開いた状態で、前進する際はつま先よりも、踵で床を捉える様にしてください。

前進するというときによく見られるのが、足のつま先で床を蹴り込む方法です。この方法は、素早く動くのに良いように思えますが、実は脚の連動においてはあまり効率が良いとはいえず、また筋力に頼った動きなので加齢とともに衰える動きでもあります。

そこで、私は踵で床を蹴り込む方法を指導しています。踵を床に押しつけて、アキレス腱を伸ばすかのごとく床を捉えます。このとき、つま先で床を蹴り込んだときと比べて、膝が過不足なく伸び、脚全体で腰を押し出すようになります。感覚的には「踵で膝を伸ばす」とい

【脚の絞り】(後ろの脚)

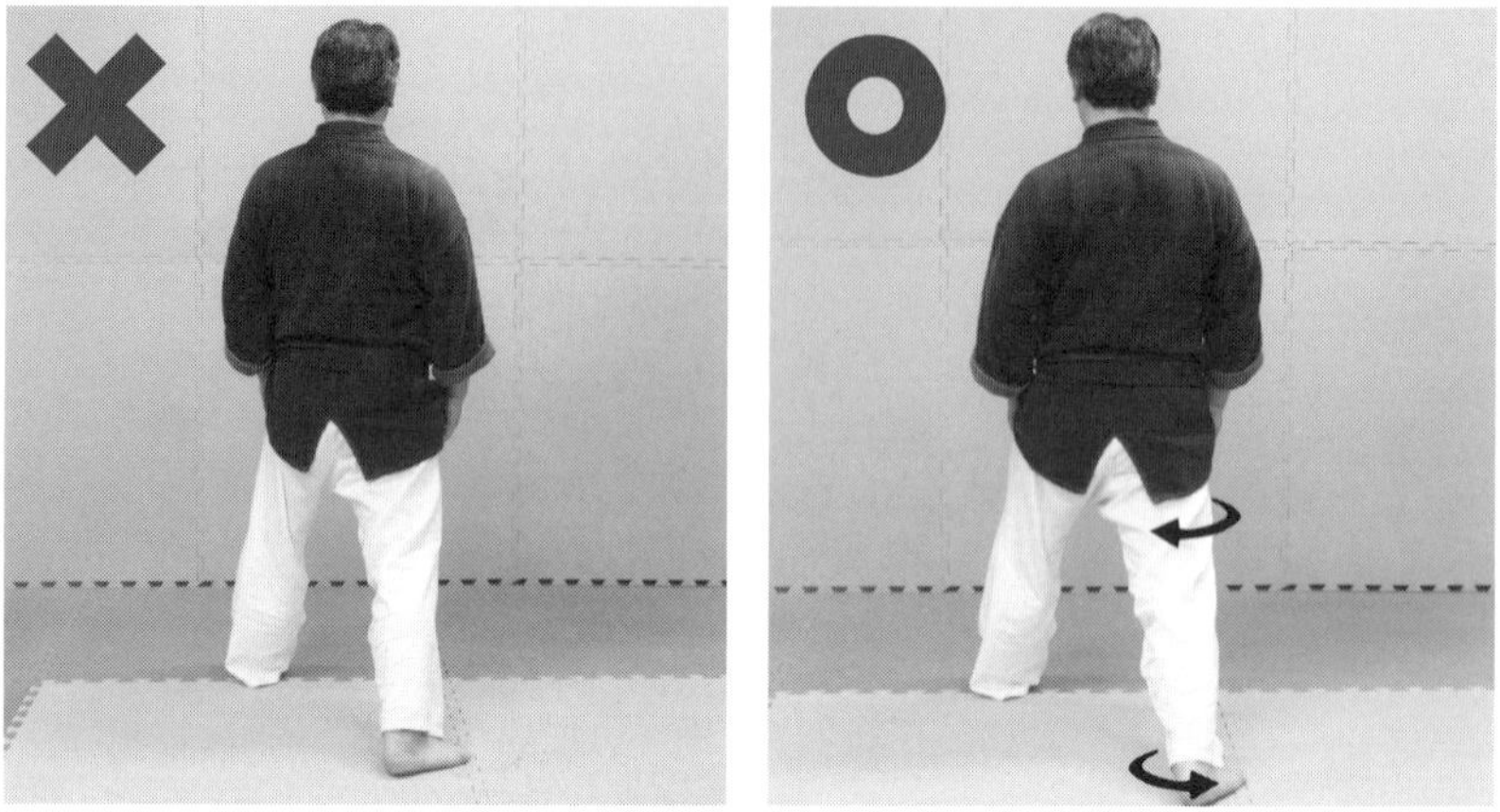

踵を外へまわすようにすることで、絞るようにして後ろの脚全体を強化できる

う感じです。

また、【仙骨の締め】とあわせてこれを行うことで、脚全体が絞られて、強化されるという効果もあります。これが【脚の絞り】です。

つまり、仙骨から足の親指まで、下肢の関節可動域を狭くしているのです。

このとき、踵を外に張り出すようにして、つま先が外に向かないようにしましょう。つま先が外に向くように足が回ってしまうと、力が逃げてしまいます。

ちなみに、先ほどで説明したのは、後ろの脚を絞ることで前進する力をつくる方法ですが、前に出した脚を同じように内に絞ることで、体重を支える効果が高まります。

ただ、後ろの脚を絞って前進する際に、前脚の膝を内側に入れて前脚も絞ってしまうと、前の脚で自分の体重を受け止めてしまうので、前に力を加えるときは前の膝を前に向けてください。

【脚の絞り】（前の脚）

前の脚を内に絞ると、体重を支える効果が高まるが、前進時には勢いを止めてしまう（左写真：前の脚を絞った状態。右写真：膝を前に向けた状態）

この【脚の絞り】を頭にいれて、もう一度上体を立てたまま膝で前に出る動き（P．45）を稽古してみてください。さらに効果がアップするはずです。

このとき、膝がちゃんと伸びきっているかに注目してください。膝が伸びきらないというのは、踵をちゃんと使えていないということですから、一つの目安となるでしょう。

ちなみに、この【脚の絞り】は、絞る→緩めるを繰り返すだけでも、脚を鍛える効果があります。

【仙骨の締め】の力で膝を前に出すようにする前進方法は、いわゆる〝居着き〟をなくすことに有効であるので、合気道家だけではく、空手のような打撃系武道の稽古にも大いに役立つでしょう。

■回転動作

続いて、回転動作における股関節の位置について説明します。

まず、「股関節は後ろにさげない」という原則に加えて、「身体の中に軸をつくらない」と覚えてください。こう言われても、あまりピンとこないかもしれませんので、これを人間の構造的な観点からお話ししましょう。

【腰力】で説明したとおり、人間の構造おいて体幹部をひねるという動作は、胸椎12番で行われます。ですので、人間の回転動作は背骨が回転の軸となりやすいわけです。これが「身体の中に軸をつくっている」状態です。また、片方の股関節に回転の軸をつくることもできますが、これも「身体の中に軸をつくっている」状態といえます。

これらの場合、左右にある股関節のうち、片方は前に出ても、もう片方は後ろにさがってしまうことになります。これでは、前に出る分の力と重さを、後ろにさがってしまう分の力と重さで減衰させてしまう結果となります。言い方を換えると、相手に伝えなければいけない自分の全体重のうち何割かを、股関節をさげてしまうことによって、自分で支えてしまうのです。

これでは、自分の体重を最大限に活かしているとはいえません。

そこで、身体の外――股関節の少し横に回転の軸をつくって回転動作をしてみましょう。

回転の軸を身体の外へ出す

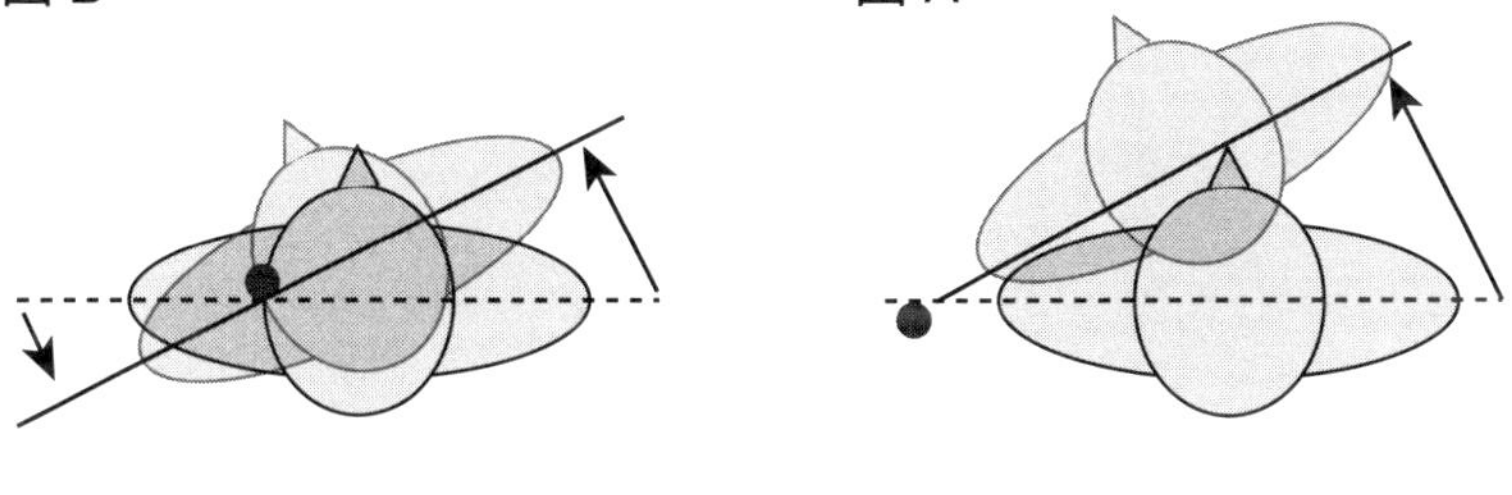

図A：回転運動の軸を身体の外に出した動き。身体全体が前に出ている。
図B：回転運動の軸を身体の中に入れた動き。図は、左股関節を中心軸にした動きであるが、右半身が前に出ている一方で、左半身は後ろにさがっている。

動きとしては、両膝を斜め前に向けて曲げるようにします。もちろん、【仙骨の締め】をして、両股関節の前面を張ったままです。仙骨を締める力で膝を曲げる感覚で行えるとさらに良いでしょう。

こうすることで、左右の両股関節とも後ろにさがることなく動作を行うことができます。これで、自分の体重を有効に利用した動きといえるのです。

注意点としては、両股関節と両肩を結んだ四角形の面が歪んだり、捻れたりしないように回転してください。この四角形が崩れるということは、すなわち身体がねじれて、バラバラに動いているということでもあります。

身体の正面に四角形があると意識して、全身が同時に動くようにしてください。（肩の使い方については、次節で詳しく説明します。また、身体の正面の四角形については、P.59を参照してください。）

コツ3

◎効率よく相手に力を伝えるコツ
——肩、肘、手首の意識

これまで、体軸をつくり、それを立てたまま移動することで、自分の体重を最大限に活かして使うための身体の使い方のコツを説明してきました。

ただ、こうした動きによって生まれた重さも、伝わる経路が悪く、相手に伝わらなければ技になりません。例えるならば、発電所がいくら効率よく電気をつくっても、電線が不備では意味がない、ということです。

体幹部が発電所で、重力や移動する力で電力をつくり、それを伝える〝電線〟の役割をするのが相手に接触している「腕」です。腕において、一番〝断線〟しやすいのが、肩、肘、手首といった関節部であり、ここに余分な弛みやアソビがあってはそこで力が止まってしまいます。

そうなってしまっては、結局相手を投げるのは自分の腕力だけに頼ることになってしまいます。

この節では、腕の各関節の可動域を締め、相手に重さを効率よく伝えることのできる強い腕をつくるコツについて説明します。

【肘の絞り】

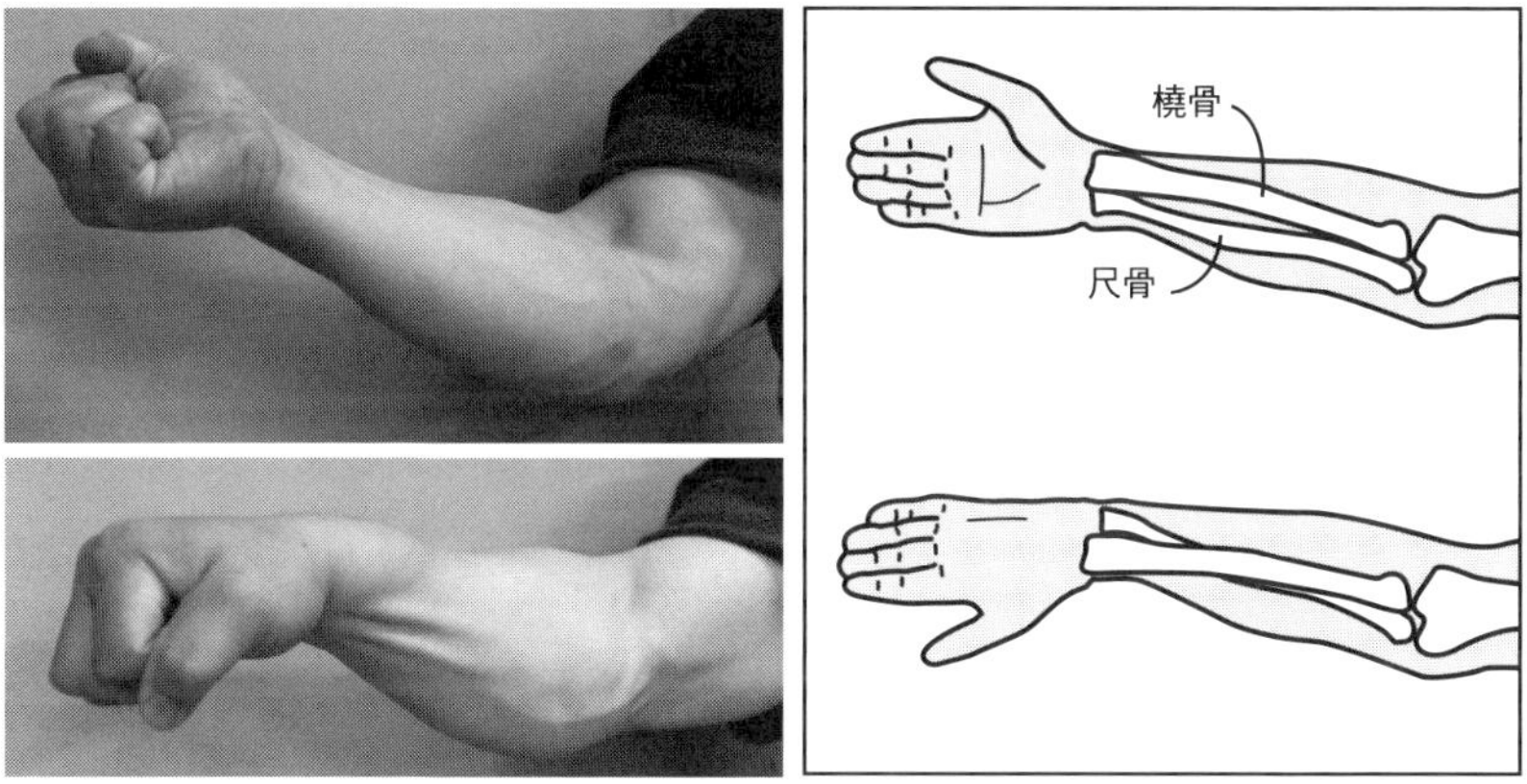

手のひらと肘が同じ側を向くと、前腕の２本の骨が交叉して、より丈夫になる

■肩関節と【肘の絞り】

体幹部と腕を繋げる関節である肩関節は、体重を伝えることにおいて重要な基点となります。その肩関節を有効に使うには、まず前腕から手首にかけての整備が必要になります。

そこで大切な身体の使い方として【肘の絞り】というのがあります。

【肘の絞り】といっても、なじみがないかもしれませんが、具体的には「肘を手のひらの側にする」ことです。

人体の構造としては、上腕には1本の太い骨があり、前腕には橈骨、尺骨の2本の骨が平行になっています。【肘の絞り】をすると、前腕の2本の骨がクロスして一つの強い構造をつくることになります。

手のひらと肘が同じ側にあるかぎり、それがどちらを向いていても【肘の絞り】ができた状態です。

【肩の前固定】

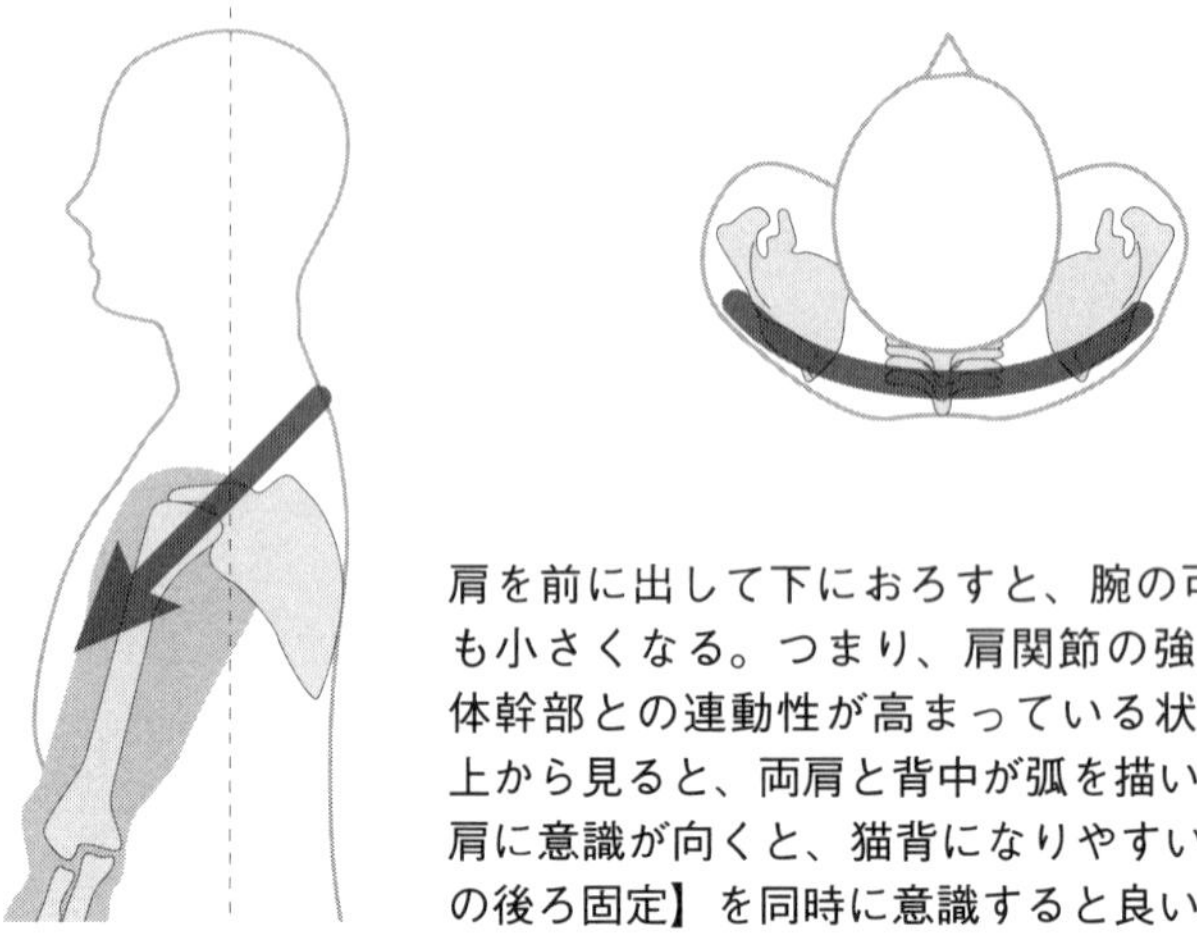

肩を前に出して下におろすと、腕の可動域が最も小さくなる。つまり、肩関節の強度が増し、体幹部との連動性が高まっている状態となる。
上から見ると、両肩と背中が弧を描いている。
肩に意識が向くと、猫背になりやすいので、【首の後ろ固定】を同時に意識すると良い。

■【肩の前固定】と【肩の内回し】

続いて、【肘の絞り】で強化された前腕を、腕全体の一部として協調させて使うコツを紹介します。

肩は人体の構造上、とても自由度の高い関節です。これまでも説明してきたように、自由度が高いということはアソビが多く、固定する力が弱いということでもあります。

それでは、最も可動域が狭くなる肩のポジションは、といえば、それは肩を前に出して、下におろした位置です。ただ、肩にばかり意識がいくと、猫背になりやすいので、【首の後ろ固定】を同時にするよう注意してください。

では、腕の可動域が肩の位置によってどのように変化するかを実験してみましょう。

まず、身体の前で腕を伸ばして両手のひらを合わせて上下に動かしてみてください。そして、肩を前に出した

◎肩の位置で腕の可動域を変える実験

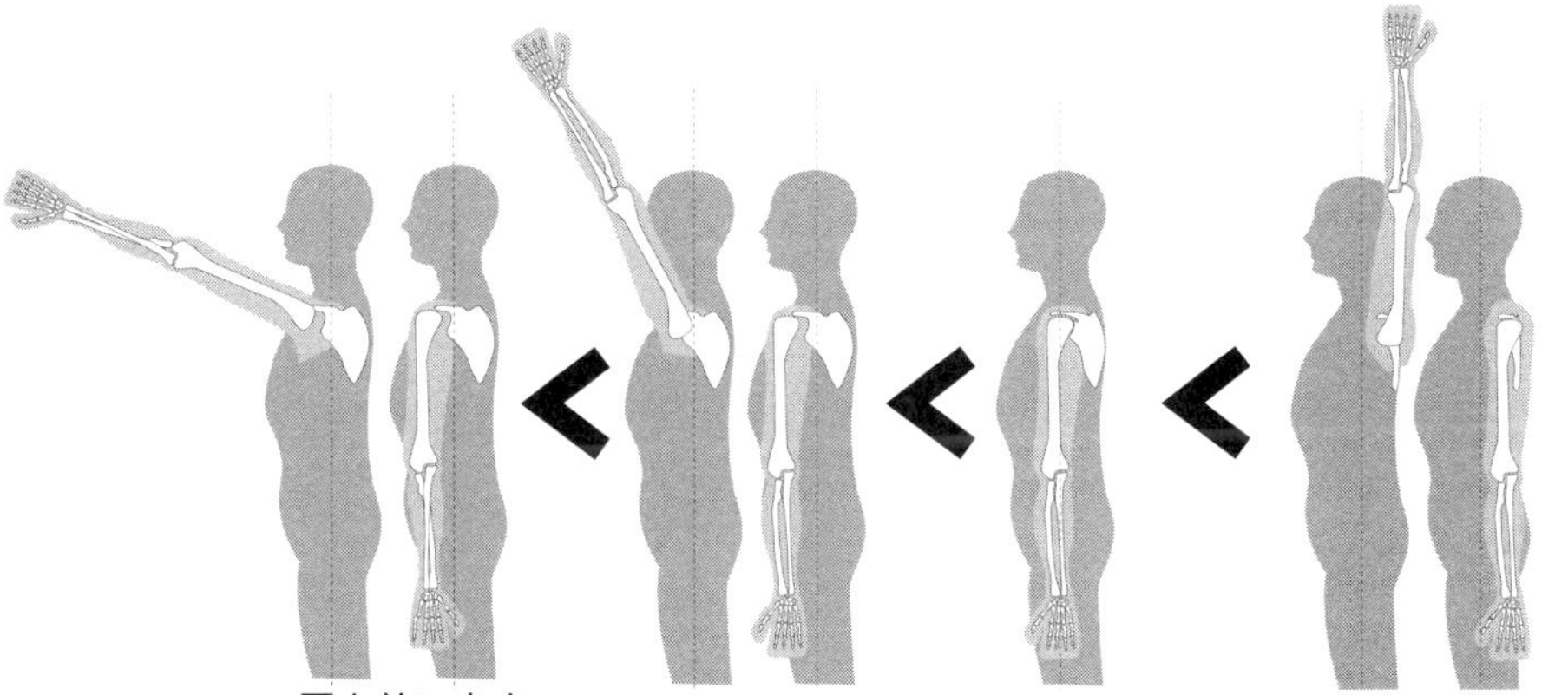

※【仙骨の締め】【首の後ろ固定】も同時に行い、猫背にならないように注意する

ときと、肩を後ろに引いたときで、腕の上がる高さを比べてみてください。

肩を前に出した状態＝【肩の前固定】をしたままだと両手は頭の上まであげられないのに、肩を後ろに引くと両手は頭上を越えるはずです。つまり、【肩の前固定】によって肩の可動域は狭くなっているのです。

次に、同じ実験を【肩の前固定】したまま、両手の甲を合わせて行ってください。今度は【肩の前固定】だけよりも、さらに腕の可動域が狭くなり、両手を顔の高さまであげるのがやっとになります。

手の甲を合わせると、自然に手のひらと肘は同じ方を向き、【肘の絞り】の形になります。つまり、【肘の絞り】と【肩の前固定】をした状態が、最も腕が強化された状態となるのです。

付け加えると、同時に【首の後ろ固定】を行うことで、背筋を伸ばすための伸筋と、腕を前に出すための伸筋は協調しますので、力むことなく強い腕をつくることがで

【肩の内回し】

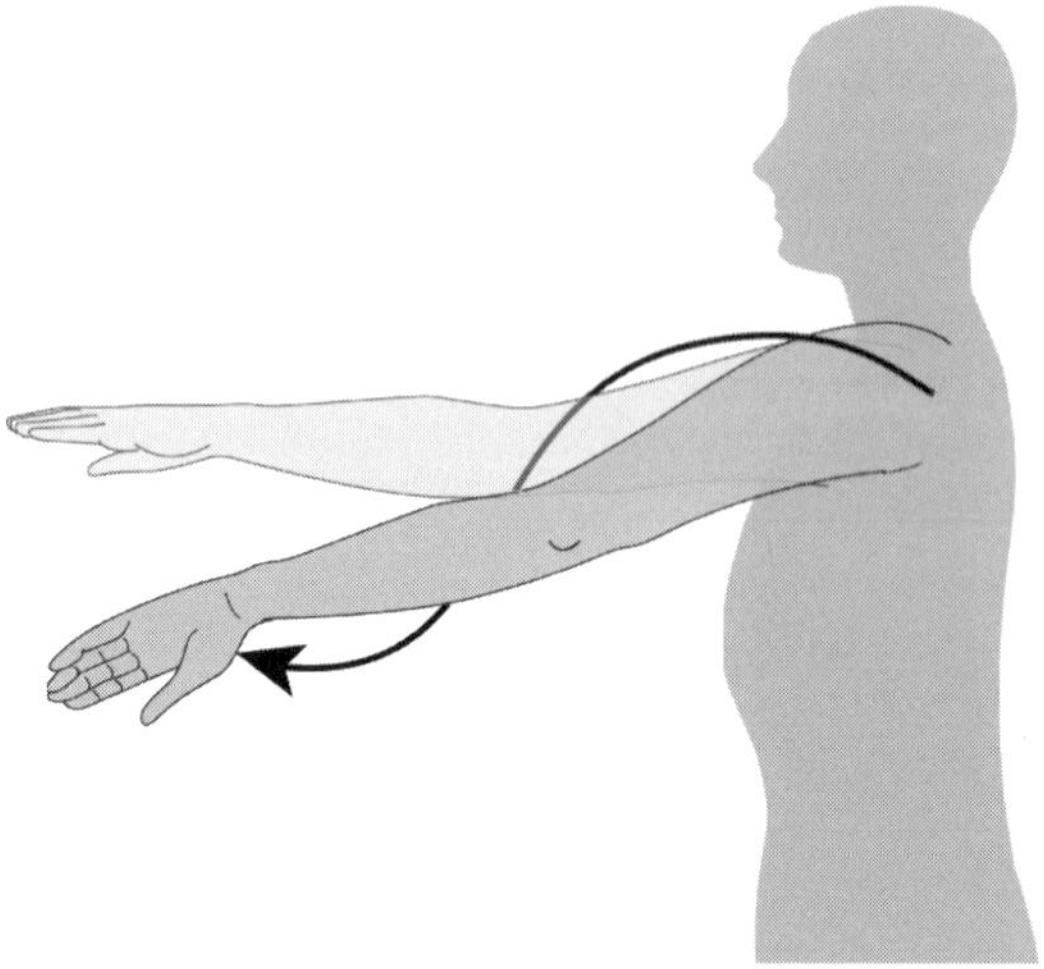

きます。

両手の甲を合わせる際のポイントとしては、、手首の回転だけではしっかりと合わせられないので、肩から腕全体を内に回して、肩で手のひらを返すようにします。この、「肩で手のひらを返す」ような動きを、【肩の内回し】と呼びます。これは腕を強化したまま運用するときの重要なテクニックとなります。

【肩の内回し】を行うと、肩は上から前へ出てから斜め下へ、若干縦に回るようになり、この縦回転が突きの重さや、腕を使った投げ技のポイントになりますので覚えておいてください。

ちなみに、【肘の絞り】と【肩の前固定】を同時に行うことで、いわゆる「脇が締まった状態」になります。「脇を締める」というと、肘を脇腹に隙間無くぴったりつけることと思われがちですが、本質的には【肘の絞り】と【肩の前固定】をしてさえいれば、「脇が締まった状態」

といえるのです。

つまり、肘が脇腹にくっついていなくとも、もっと言えば、脇が開いていて肘が外を向いていても「脇は締まっている」の状態なのです。

また、相撲でいう「腕《かいな》を返す」という技法も、やはり【肘の絞り】と【肩の内回し】による技法であり、脇が開いているように見えても「脇の締まった」状態といえます。

■【肩から人差し指のライン】

【肩の前固定】【肘の絞り】に加えて、覚えてほしいコツがあります。それが【小指の締め】です。

古来から「足は親指、手は小指」という口伝が残っているように、物を握るときは小指を中心にすると様々な面で役に立ちます。

その利点としてはまず、腕の〝屈筋〟を緊張させずに、強く掴むことができます。これは、柔道のような道着を掴む種目でも、また剣道や野球のように手に道具を持つ種目でも、大変役立つコツです。

人差し指でものを掴むと屈筋が優位に働きます。屈筋で強くものを掴むと、腕全体が縮んでしまい、腕の操作性がさがってしまいます。それどころか全身の屈筋が連動して緊張し、だんだん前屈みになっていきます。つまり、軸のある姿勢から崩れてしまうのです。前屈みになれば、呼吸も浅くなるので、良いことがありません。

これに対して、【肩の前固定】【肘の絞り】【小指の締め】の、3つのコツを使った腕は、力むことなく強い腕になります。腕全体の伸筋が使われるので、姿勢も崩れません。

この3つのコツを用いたとき、人差し指から肩へ、力が通るラインがつくられます。これが【肩から人差し指のライン】です。

相手に体重をかけるとき、突きを出すとき、何かを掴むとき、いずれもこのラインをつくるようにすると、効率よく力が伝わるのです。

■手首、肘、肩の調和と鍛え方

先ほど説明した【小指の締め】と、【肘の締め】【肩の前固定】は、セットで覚えると、腕を使う際にとても有効です。また、これらを意識した姿勢をするだけでも、筋力の強化と強い腕作りとして稽古できるものです。

ここでは、さらに一歩進んだ稽古方法として、動きの中で行うものを紹介しましょう。

図のように、棒で無限大（∞）を描きます。

ただし、手は直線S上で動かし、棒と一緒に∞の軌跡を描いてしまわないようにします。

◎手首、肘、肩の調和を取る稽古法

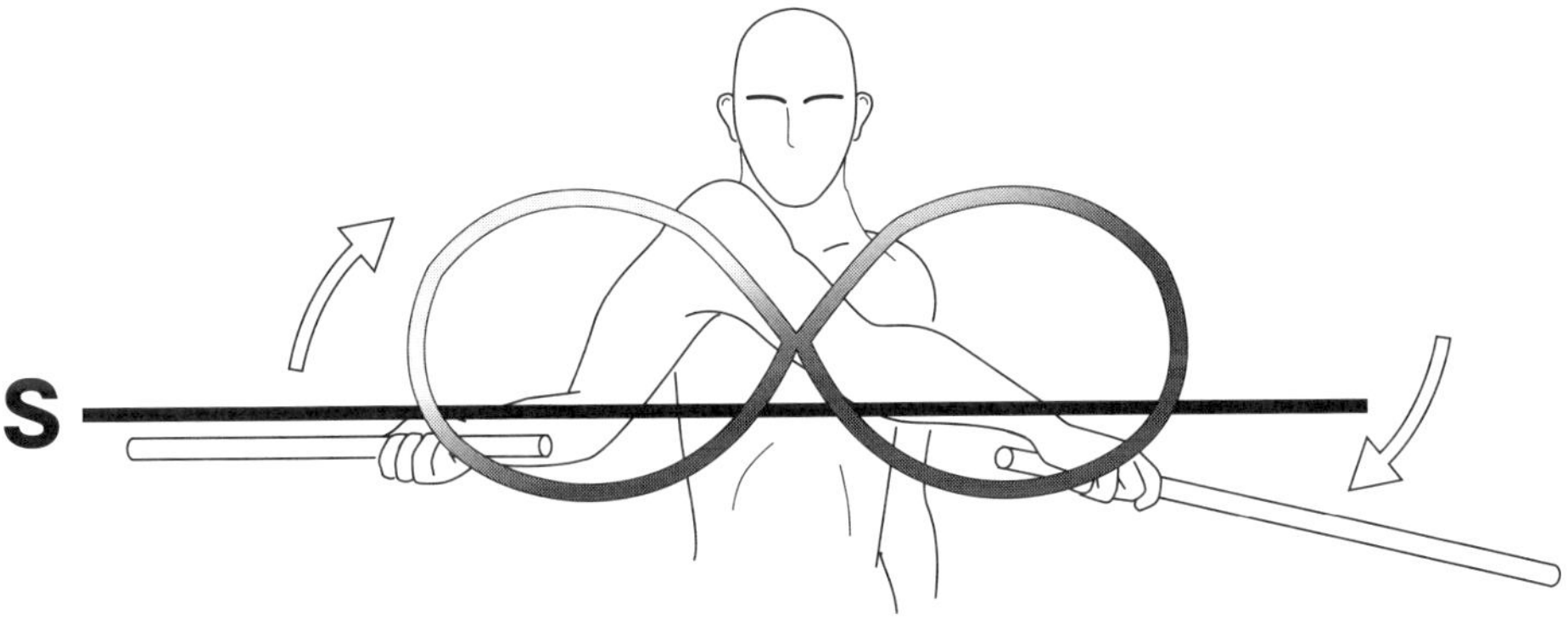

最初のうちは肘や肩があがってしまったり、自分の体が左右に動いてしまったりしますが、繰り返すことにより、肩、肘、手首の連動がうまくいくようになるのが実感できます。

手がライン上から外れてしまうようでは、肘の絞りはできていないということです。

方向は両方を稽古するとよいでしょう。どちらの回し方でもよどみなく、力むことなくできるようになれば肘も絞れており、手首の動きのバランスもよくなっているでしょう。

■股関節と肩の連動

股関節の使い方と「回転運動」項目で説明したところで、「両股関節と両肩を結んだ四角形の面が歪んだり、捻れたりしないように回転してください」と注意を述べました。

この注意点について、肩との連動性を含めてもう一度説明します。

回転動作において気をつけてもらいたいのが、回転の軸を身体の中に入れないことと、胸椎12番から体幹部を捻ってしまわないことです。回転の軸が身体の中にあると自分の体重が相手に十分にかからなくなりますし、胸椎12番から身体を捻っていては体軸が失われ、身体は十分に力を発揮することができなくなります。

これらのロスを防ぐための基準が「両肩と両股関節を結んだ四角形」なのです。

このときの股関節は、【仙骨の締め】によって締まった状態であり、体感的には股関節前面が強く張った感覚があります。そして、両肩は先に説明した【肩の前固定】した状態であり、両肩とも前方斜め下に押し出すような感覚です。

この状態で、両肩と左右の股関節とを結んだ四角形が歪まないように意識することで、〝線〟ではなく、〝面〟で相手に圧力がかけられるようになります。

そしてその四角形は、効率の良い身体の使い方ができているかをみる基準となります。運動するときに両肩を結んだ線と、両股関節を結んだ線が平行の関係ではなくなるということは、つまり体幹部がねじれているということなのです。

同じく、体幹部のねじれを戒めるための意識の仕方として、「3点セット」と呼んでいるものがあります。3点とは、鼻、へそ、手のことで、これらがまったく同時に動くようにすることで、体幹部のねじれを防ごうとしているのです。

この「3点セット」のどれかが先行して動いてしまう、あるいは両肩と両股関節の四角形をゆがめて身体をねじってしまうのならば、無意識に「腕力」を使おうとしている証拠です。

肩と股関節の四角形

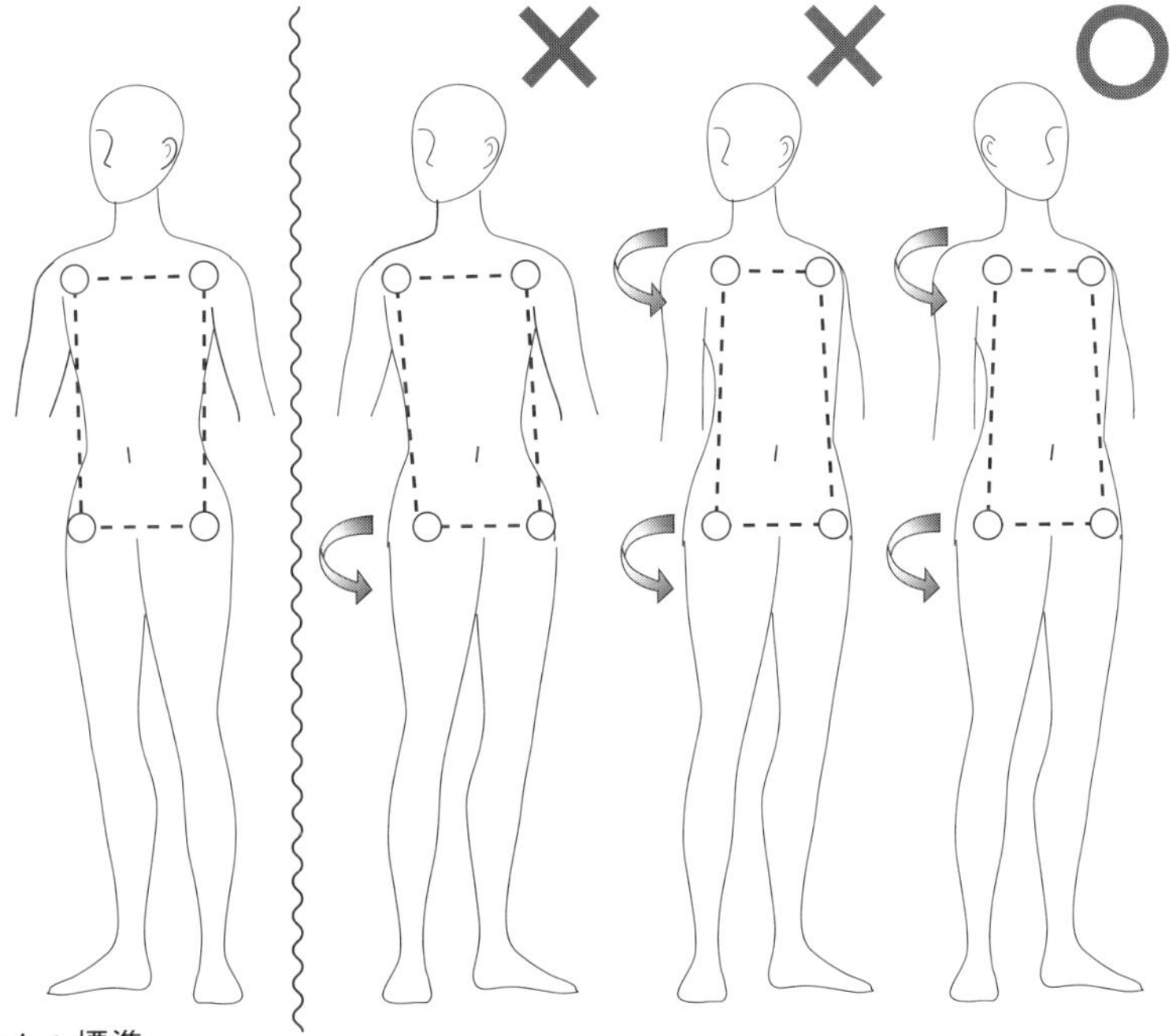

左１；標準
左２：両股関節を結んだラインが捻れている（体幹部が捻れている）
左３：両股関節と両肩のラインが平行だが、鼻が連動していない
左４：両股関節、両肩のラインが平行で、鼻も一致した状態。

コツ4

◎呼吸で重心を操作する——逆腹式呼吸の仕方

■呼吸法

「呼吸法」——武道の世界はもちろん、座禅にもヨガにも「呼吸」に関する技術があり、その他にも、導引術や気功にも独自の呼吸法が伝わっています。最近では健康法としても様々な呼吸法が紹介され、注目を浴びています。

「呼吸」は本来、生きるためには非常に大切な活動なのですが、あまりに当たり前すぎるために生活の中で意識されることは、ほとんどないでしょう。

しかし、その重要さは、武道や座禅、ヨガといった伝統ある世界で、有効なもの、あるいは神秘的なものとして伝わっていることからも分かるというものです。

技の効果があがり、潜在能力をも引き出すという点から、「呼吸法」もコツの一種といえるでしょう。動きをコントロールするばかりではなく、医学的にみても、呼吸は神経をコントロールしたり、ホルモンの分泌を左右するなど八面六臂の活躍をしていると言われています。正しい呼吸は正しい姿勢と同様に、人の動きや健康にはかり知れない影響を与えているのです。

ただ、先ほど述べました通り、世の中には余りにも多くの呼吸法がありますから、どれかに絞って稽古しないと、とても身につけることができるものではありません。そこで、ここでは運動時において最も有効に使える呼吸法として「逆腹式呼吸」を紹介し、これについて説明すると共に、その呼吸が動きに対してどれほどの影響があるのかを検証していきます。

もちろん正しい呼吸は、正しい姿勢があればこそ。「始めに姿勢ありき」と心得てください。

■呼吸運動の仕組み

「呼吸」とは、胸や背中、お腹の筋肉を使い、胸を膨らませたり、縮めたりすることにより、空気を体内に出し入れする運動のことを言います。

呼吸というと、肺自体が膨らんだり、縮んだりしていると勘違いされているかたも、よくいらっしゃいます。そうではなくて、呼吸筋群によって腹腔や胸腔の体積を変えることで、体内の気圧が操作され、空気の出し入れが行われるのです。

この運動において最も活躍する呼吸筋が、横隔筋です。焼肉でいう〝サガリ〟です。

横隔筋は、横隔膜とも呼ばれ、左右の肺の下にあるドーム状の筋肉の膜です。この膜が収縮してドームのトップがさがることで胸腔の体積が拡がり、胸腔内の気圧を下げます。すると肺も風船の用に拡がってそこに空気が入るのです。

この他にも、腹部の筋肉や、胸部を取り囲むように内側と外側についている肋間筋、大胸筋・小胸筋という胸の筋肉、首の横についている胸鎖乳突筋、斜角筋等の数々の筋肉が補助をして、胸骨・肋骨などの骨組みを上下させて、胸腔の体積を変化させることで呼吸をしています。厳密にいうと呼吸とは、首から下腹部までの呼吸筋を総動員して行われているのです。

■呼吸と身体の運動の関係性

呼吸と身体の運動の関係を考えるとき、重要な法則があります。

それは、「横隔筋と腹筋・背筋は同時に強く収縮できない」ということです。分かりやすく言い換えると、人が強く運動をするとき、自然に息を吐くか、止めるかを必ずします。息を吸いながらでは、力が入らないということです。

この現象の背景には、筋肉の生理的な理由があります。

筋肉には、拮抗筋というものがあります。拮抗筋同士は同時に収縮することができず、片方が収縮すれば、もう片方はどうしても弛緩してしまうという関係性です。

全身の力を使うときには身体を支えるために腹筋や背筋を収縮させますが、横隔筋はそれらの拮抗筋

呼吸の仕組みと、「逆腹式呼吸」

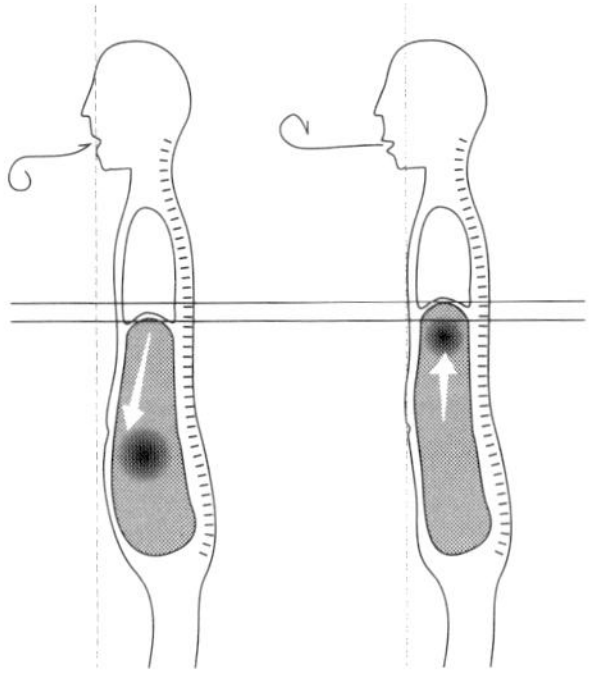

健康法としても良いと言われる「**腹式呼吸**」。
吸気…横隔筋が緊張してさがることで、胸腔の体積が拡がり、肺に空気が入る。横隔筋の動きにともなって内臓はさがる（＝重心がさがる）。
呼気…横隔筋が弛緩してあがることで、胸腔の体積が縮まり、肺から空気が出る。横隔筋の動きにともなって内臓はあがる（＝重心があがる）

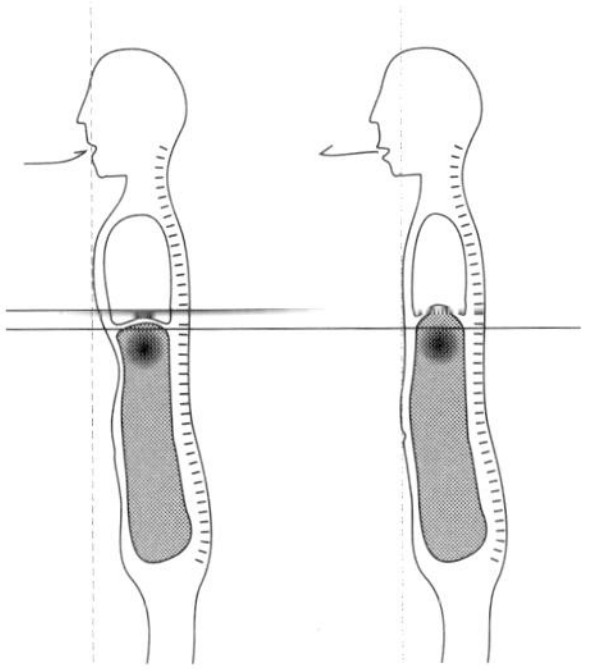

呼吸が浅くなりがちな「**胸式呼吸**」。
胸郭自体の動きはそれほど大きくないので、出し入れされる空気は少ない。胸を中心とする運動であり、重心はあがったまま。
吸気…胸郭の拡がりと横隔筋が少しさがることで胸腔の体積を拡げて、空気を入れる。
呼気…吸気で拡げた胸郭が元にもどることで、肺から空気が出る。

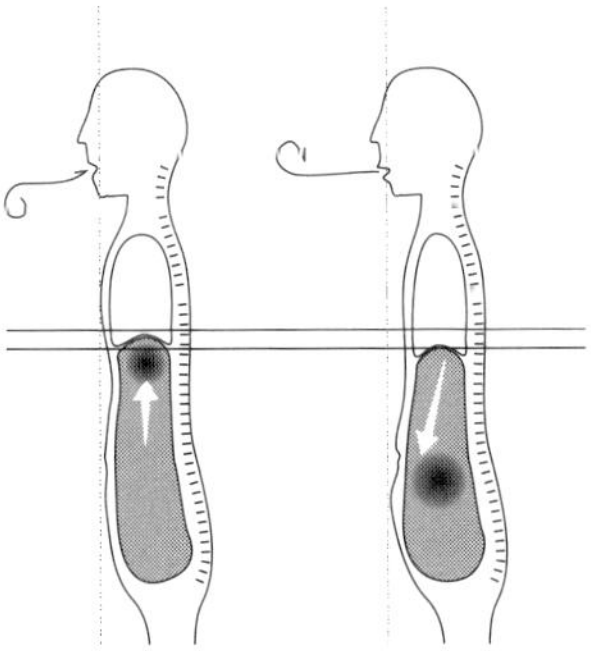

運動に適した「**逆腹式呼吸**」。
身体が力を出せる時＝呼気の瞬間に重心がさがるため、安定感のある技ができる。
吸気…胸郭の拡がりと横隔筋が少しさがることで胸腔の体積を拡げて、空気を入れる。
呼気…吸気で拡げた胸郭を元にもどしながら、横隔筋を押しさげつつ息を吐く。感覚的には下腹部の腹圧をあげるようにする。

の関係にあります。運動で腹筋・背筋を収縮させれば、呼吸筋である横隔筋は弛緩して、呼吸で横隔筋を収縮させれば、腹筋・背筋は弛緩します。つまり、私たちの身体は、息を吸いながら力強く身体を動かすことはできないようにできているのです。

腹式呼吸をしている人ならば、運動時には自然に息を吐くか止めるかしながら、腹筋や背筋に力を入れます。すると、横隔筋は弛緩してあがってしまうのですが、これの何が不都合なのかといえば、横隔筋にぶら下がるようについている内臓群も一緒に上にあがってしまうということです。「内臓の重さ」といっても実感しづらいものですが、これによって重心の位置が変わってしまうので、運動にもかなり影響するものです。

重心が低いほど安定性があり、安定性があるほど運動（技）にも実行力が増すというのに、いざ強く運動（技）をしようとした瞬間に重心があがってしまうのでは、かなりのジレンマとなります。

■逆腹式呼吸

では、先ほどのジレンマを解決できる、最も運動に適した呼吸法として私がおすすめする「逆腹式呼吸」をお教えしましょう。簡単に言うと、横隔筋の動かし方を腹式呼吸の場合と反対にするだけのことです。お腹の動き方は、腹式呼吸では息を吸ったときにお腹を膨らませ、吐くときにへこませますが、逆腹式呼吸では息を吸うときにお腹をへこませ、吐くときに膨らませるのです。

逆腹式呼吸の場合、吸うときに胸式と腹式の中間ほどで吸い、吐くときに吐く息を下腹部（丹田）へ押し下げるようにします。この呼吸法を運動と合わせて使うことにより、効果を発揮し、より安定した動きをすることができるようになります。

その主な理由を2つあげて、逆腹式呼吸とその他の呼吸法とを比較する方式で検討してみましょう。

1．下半身の安定と腹圧が得られる

重心は低ければ低いほど安定感があります。準備動作の時に重心が高くなると、次の本動作への移行が不安定なものとなり、実行力のないものとなってしまいます。特に、物を持ち上げるような動作や、相手を投げる動作の場合、安定性とともに重心の低さが求められます。

〝肩呼吸〟（肩をあげるようにして胸郭を広げる呼吸の仕方）や、〝胸式呼吸〟（横隔膜よりも胸の呼吸筋群で胸郭を拡げる呼吸の仕方）では、呼吸が浅いうえに、重心が胸の辺りにあがってしまいます。

逆腹式呼吸ならば、吸った息を下腹部に押し込むようにするため、ヘソ下三寸つまり丹田の位置の筋肉が意識され、重心は低くなります。

さらに、人間には、腹筋や背筋に力を強く入れずとも、腹腔内の圧力「腹圧」を高めることで、体内に空気の柱を作って身体を支えるという機能があります。逆腹式呼吸はこの腹圧を上げて身体を支える機能を高め、体幹部に十分な強度を得ることができるのです。

2．内臓の重さを利用できる

逆腹式呼吸では、運動にともなう呼気とともに内臓をさげます。この内臓がさがることで生じる内臓の重みも技に使うことができます。素早く沈み込んだり、相手に重さをかける動作をする場合、とくに有効な技術となります。

呼吸の仕組みの説明でお話ししたように、我々のお腹の中の空間、腹腔に収まっている内臓は、横隔膜にぶら下がるようにくっついて、呼吸や腹筋の収縮・弛緩にともなって上下に動きます。

腹式呼吸では、相手に体重を加えるような技をするときや、重心を落としたいときに、内臓が上がってしまって不都合が起きます。つまり自分が下にさがろうとする力が10とすれば、内臓が上がる力で相殺されて、結果的に相手にかかる重さは7とか8、という結果になってしまい、十分に力が伝わらないということになってしまうのです。

そこで逆腹式呼吸によって、瞬間的に内臓を落とすようにするのです。これで内臓も含めた身体全体で一気に重心をさげることができ、体重を最大限に有効利用することができます。

以上の理由から、逆腹式呼吸のほうが、運動する際には有効な呼吸法であると言えるのです。この逆腹式呼吸は、本書のテーマである合気道以外の運動においても、とても有効な呼吸法です。また、逆腹式呼吸自体が健康法にもなりますので、稽古に取り入れてみてください。

第二章

運動基礎理論で説く
達人技分析

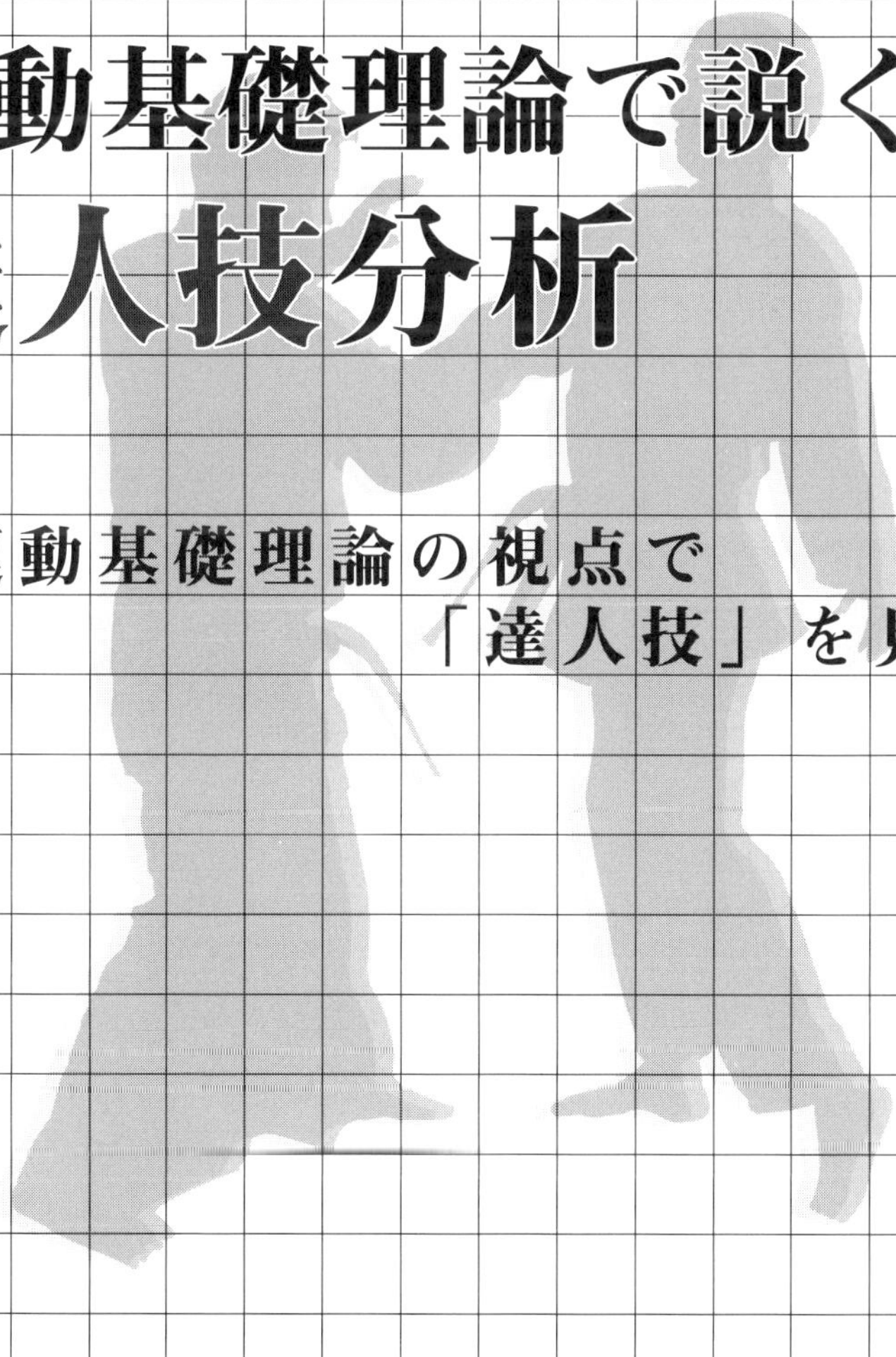

○運動基礎理論の視点で「達人技」を見る

運動基礎理論の視点で「達人技」を見る

■コツを使えば、「達人技」を再現できる!?

世の中には、「達人技」と呼ばれるものがあります。

「達人技」と一言でいっても、「一見しただけでは訳が分からないもの」から、「簡単そうにやっているように見えて、やってみるとできないもの」など様々なものがあります。

とりわけ、武道の世界には、不思議な技が多くあり、単なる技術では片付けられないものです。最近では、いろいろなメディアで、こういった「達人技」をご覧になった方もいるかもしれません。

……相手の足を親指一本で踏むだけで、相手が動けなくなる。

……さほど力を入れているように見えないのに、掴みかかった相手を片手で床にへばりつかせる。

……何人もの屈強そうな男たちに担ぎ上げられた状態から、持ち上げている男たちを崩す。

……一見して不利な体勢から、相手を負かす。

などなど。列挙すればきりがありません。

本章では、そういった「達人技」を「運動基礎理論」の視点で分析、解説、そして再現していきたいと思います。解説には、これまでに本書で説明したコツをメインに使用していきます。

もちろん、私の解説で１００％説明しきれるものではありませんし、何らかのプラスアルファが必要なものもあるでしょう。個人個人の体型に見合った工夫も、相手に応じた変化もあることでしょう。

しかし、根本的な部分に関しては、理論的には当たらずとも遠からずのものだと思っています。私の解釈をヒントに、稽古していただければ、必ずやお役に立てるものだと信じています。

■足の指一本で相手を封じる——親指踏み

足の親指で相手の足の甲を踏みつけると、とたんに相手が動けなくなるという技があります。大男が踏んでいるわけでもないのに、相手は痛みで顔をしかめ、逃げられない様子です。さて、このとき、達人は何をしているのでしょうか?

ここで使われているのが、【仙骨の締め】です。【仙骨の締め】は、ブレない体軸をつくるために用いる重要なコツですが、仙骨には体重を乗せる方向を定める性質も備わっています。【仙骨の締め】で背筋を立て、同時に股関節を締めることで、体幹部全体の重さを下肢に伝えることができます。この重さを自分の親指一本を通して、相手の足の甲に集中させるのです。

反対に腰を反らしてしまうと、体幹部の重さは抜け、脚で押す力のみとなってしまいます。

そしてもう一つ、力を一点に集中するコツとしては、両肩での【肩の前固定】です。

片足を前に出すと、同じ側の肩は前に出やすいのですが、反対側の肩は後ろにさがってしまう傾向があります。どちらか一方の肩が後ろにさがってしまうと、身体を「面」で使えずに、身体半分の重さが使えなくなり、両肩を前に出したときとかなりの差が出ます。実験する際は、片方の肩のみ【肩の前固定】をした場合と、両肩とも【肩の前固定】をした場合を比較してみてください。両肩を前に出したときのほうが、はるかに強く力が伝わっているはずです。

親指踏み

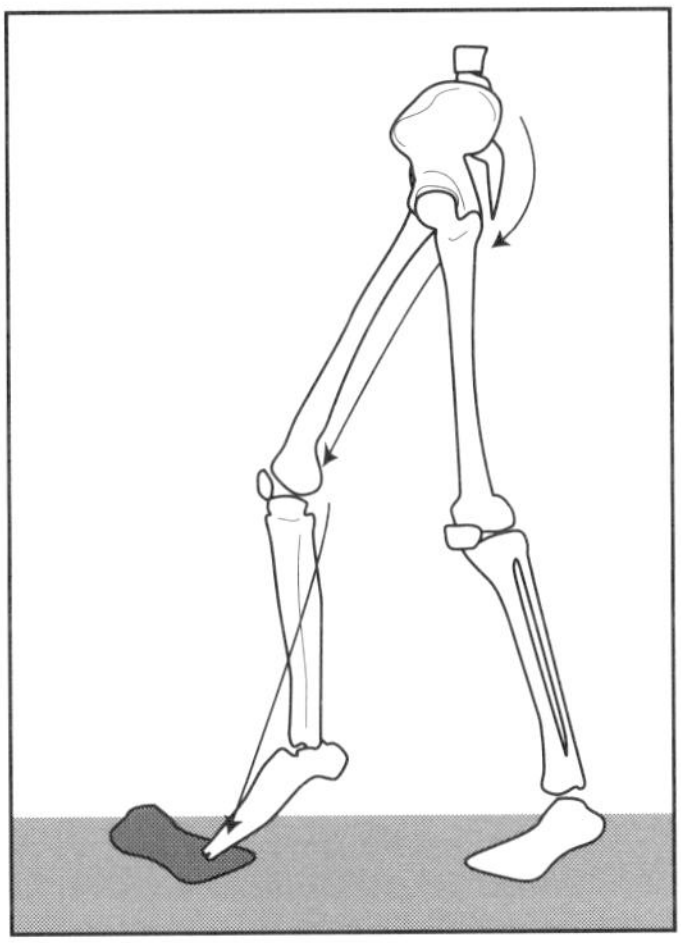

【仙骨の締め】＋両肩の【肩の前固定】で、自分の体重を親指に集中させる。体軸を作りながら、仙骨を締める力で脚を出す。同時に、両肩を前に固定して、両肩と両股関節を結んだ四角形が歪まないようにすると、身体が捻れずに十分に重さを伝えることができる。

左写真では、【仙骨の締め】がなく、腰が反って、股関節が後ろにさがってしまっている。だから、体幹部の力が伝わらず、相手の足を踏んでいる脚が緩んでいるのが分かる。
また、右足を前に出すことにつれられて、左肩が後ろにさがっている。つまり、両肩と両股関節を結んだ四角形が歪み、身体が捻れて重さが逃げてしまっている。

■不利な姿勢から相手を崩す1——両手つかみ落とし

この技は、相手に片腕を両手で掴まれたうえに、肘を上に向けられてしまった姿勢から、相手を崩すというものです。普通はこの体勢にされてしまったら、脇があいて重心も浮き、相手を崩すどころではない状態です。

この状況を打開するためには、ブレない体軸をつくったうえで、【肩の前固定】と【肘の絞り】をします。これで肩の可動域が狭くなり、見た目とはうらはらに「脇の締まった」状態になります。こうなると、自分の重心は浮かずに、同時に自分の体重が相手に伝わりやすくなります。

続いてこれに加えて、相手が重さを支えづらい状況をつくります。

同じ重さの一本の棒を持っても、その棒が横や斜めになっているときよりも、縦になっているときのほうが、はるかに支えにくさを感じます。この原理を利用して、掴まれた腕を垂直に立てます。この原理は多くの技に使えますので覚えておくとよいでしょう。

この状況をつくり、次に相手が掴んでいる棒、つまり自分の腕に垂直に体重をかけていきます。ポイントは、体重を下に落とすときに、股関節は絶対に後方にさげないこと。腰を屈めるようにしてしまうと、股関節は後ろへさがってしまいます。少なくとも相手が崩れるまでは「仙骨を締める力で股関節を前に張り出す」ことを意識してください。

両手つかみ落とし

仙骨は締めたまま、膝でコントロールするように意識することが大切です。別の言い方をすると、腹部から膝までの大腿骨の角度を変えないように意識しながら、膝を前に出すことによって体重を僅かに前方へ移動させる意識を持つとよいでしょう。

1：相手に両手で、腕を掴みあげられた不利な状態から、体軸を作り、【肘の絞り】、【肩の前固定】で腕を強化する。

2：前腕を一本の棒に見立て、これを立てたまま真下へ重みをかけていく。

3：重みをかけるときは、腰を屈めたり、股関節を後ろにさげたりしないように注意する。【仙骨の締め】を維持したまま、膝でコントロールする。

肘落とし

相手を腰から崩す——肘落とし

この技は、相手の片腕に手を乗せて、相手を腰から崩す技です。達人はたいした力を使っていないように見えるのに、相手があっけなく腰から崩れるので、これも一見不思議な技に見えます。

相手に左腕を前に出してもらい、曲がらないように力を入れてもらいます。こちらは、右手首を相手の肘の上に置きます。

【肩の前固定】【肘の絞り】で自分の腕を固定し、瞬間的に【仙骨の締め】【首の後ろ固定】【腰力】を使い、相手に力を伝えます。同時に、【逆腹式呼吸】を用いて内臓の重さも加えます。見た目には、わずかに膝が前に出ているように見えるだけですが、上手くいくと相手は腰と膝から崩れるはずです。

これはその人のレベルを測る難しい技なので、稽古法として次の方法も紹介しておきます。

相手と向かい合い、相手の左手首を左手で掴みます。まず【仙骨の締め】【首の後ろ固定】【腰力】でブレない体軸をつくり、両肩は【肩の前固定】をします。そして、やはり股関節を後方へさげてはいけません。

次に、左へ身体を向けながら、相手の左肘に右腕（手首あたり）を乗せます。当然、両肩とも【肩の前固定】と【肘の絞り】の状態です。

そして、仙骨を締める力で膝を押すようにして、右膝を斜め下方へ落とします。落とそうとするとき、腹筋、特にみぞおちが少しでも緊張してしまうと、この技は成功しません。腹筋の何倍もの厚さがある背中を意識すること、そして【首の後ろ固定】をして、腹筋上部の緊張が起こりにくくしましょう。

肘落とし（稽古法）

■不利な体勢から相手を崩す2――両肘落とし

これは相手に両手で両襟を握られた不利な状況から、相手を下に崩す技です。相手はこちらの上体を下から上にあげてくるので、このままですと重心が浮いて力の入らない状態になってしまいます。

この不利な体勢から、自分の両腕を相手の両肘の上に乗せ、下に落とす技です。上手くできれば、相手は腰・膝から崩れます。

この技も、基本的には「肘落とし」と全くおなじ原理です。ただ、相手が下からこちらを浮かそうとしてくるので、プラスアルファの工夫が必要になります。これまで説明した、「両手掴み落とし」「肘落とし」で用いたコツを合わせて使います。

まず、すべての基本である「ブレない体軸」をつくります。そして、両腕とも【肩の前固定】と【腕の絞り】で強化します。これで脇の締まった状態となり、身体が安定します。

次に、仙骨を締める力で膝を前に出します。すると、上体が床に対して垂直に移動し、重みが相手に伝わります。このとき、体軸全体が「両手掴み落とし」で例に出した「垂直に立った棒」にあたります。

身体を前傾させたり、後ろに反ったりすると、技がとたんに効かなくなるので注意が必要です。

ここでも「逆腹式呼吸」により、重心を瞬間的に落とすことができれば、さらに技の効き目があがります。

相手が崩れて落ちるとき、腰から崩れて、相手の股関節が自分の方に近づくと成功です。相手が腰をおろすようになるだけでは失敗です。

両肘落とし

1：相手に両手で、襟を掴まれた状態から、こちらは体軸をつくり、強化した腕を相手の両肘に乗せる。

2：仙骨を締める動きで膝を前に出し、体軸全体を垂直に立てたままで少しだけ前に進める。

3：相手が膝・腰から崩れるのを感じながら、重力に従って落とす。

立ち腕相撲

■腕力自慢を崩す――立ち腕相撲

これも一見しただけでは訳が分からず、ヤラセを疑ってしまうような技です。筋肉隆々の人に、立ったままの腕相撲で勝ってしまうというものです。

この「立ち腕相撲」は、合気道の技で腕を通して相手に体重を伝えるとき、「どの部分を意識すると合理的かつ効果的であるのか」、という1つのヒントになるのではないかと思います。

一般的に力自慢の人は腕相撲をするとき、どうしても屈筋に頼りがちになる傾向があります。このとき、上腕二頭筋や肩の筋肉、それに身体の前面にある筋肉を使おうとします。

一方、立ち腕相撲で勝てる人は、背中の筋肉と下半身の筋肉を総動員して使います。身体の前面と背面で筋肉の厚さを比べると、背中側の筋肉のほうがはるかに分厚くできていて、強い力がでます。

互いの身体で動員されている筋肉の量を比べると、2倍〜3

屈筋優位の場合

倍もの違いがでます。その結果、筋肉隆々の人にも勝つということができるのです。

加えて、身体の前面と背面の筋肉では、その性質に違いがあり、それが大きな一因となっています。背中側は「伸筋」であり、お腹側は「屈筋」です。人間は曲げる筋肉（屈筋）より、伸ばす筋肉（伸筋）のほうが、自然かつ合理的に使えて有利なのです。

この視点で立ち腕相撲を観察してみましょう。腕力に頼って「屈筋」が働いている状態（屈筋優位）では、上半身の前面の筋にまで力みが入った前屈みの姿勢で、沈み込むような力を入れています（右上写真）。背中の筋肉を使った状態（伸筋優位）では、腹筋よりも背中全体が緊張します。下半身は下腿から大腿部にかけて全体が緊張します。上半身の前面は力みが抜けて「虚」の状態になり、上半身の背面と下半身全体が「実」の状態です。この状態では、伸び上がるような力の使い方になります。

これができるということは、ある程度背中を意識でき、かつ使えるという証明にもなります。この背中を使って腕相撲をする方法は「当身」や「押し」に使う動作と同じなので、これ自体が一つの稽古になるものです。

■不利な体勢から相手を崩す3――複数の人に担ぎ上げられた状態から崩す

最後に、先にあげた2つの不利な体勢から相手を崩す技よりも、さらに不利な体勢から行われる、一見しただけでは訳のわからない技を解説してみましょう。この技は、数人に身体を担ぎ上げられた状態から、達人が気合を一閃すると下の人たちが崩れてしまうというものです。

以前の私も何とも意味がわからず、師と弟子の馴れ合いが為せる技か?と思う反面で、大の大人が何もないのにそこまで「ヤラセ」的にできるものか?と、半信半疑であったのも事実です。

ただ、その正体が分かってくると、これは原理を知らないと分からないなと思うようになりました。その原理というのが、この本で何度も紹介しているような、背骨のコントロールに関係があります。

【仙骨の締め】【首の後ろ固定】【腰力】は、すべて背骨をコントロールするための意識です。この背骨の操作が、道着で包まれた中で、一瞬で行われているのです。これを見抜くのは困難なことです。

誰もがすぐできるというものでもありませんが、その具体的な方法を説明しましょう。

まず、背骨の3つの意識を使わずに、背骨を緩ませた担ぎ上げられた状態で担ぎ上げられます。そして、【仙骨の締め】【首の後ろ固定】【腰力】によって背骨を操作して、一瞬のうちに重心の位置を変化させます。すると、担いでいる人は、その急激な変化に対応しきれずに体勢を崩してしまうのです。

写真では、下で支えている人が崩れていることが分かるはずです。

担ぎ上げられた状態から崩す

1：６人の大人に担ぎ上げられた状態。このときは、まだ背骨を制御していない。

2：背骨の３つの意識で背骨を制御して、一瞬で重心の位置を変える。すると、下で担ぎ上げている人の肘が曲がり、体勢が崩れる。

全員が少しずつバランスを崩せば、互いに密集した状態では一人一人のバランスを回復させる機能は働かず（「オシクラマンジュウ」や満員電車の中を想像してみてください）、あとは一気に崩れるのみです。左の写真は、その応用例です。頭上まで抱え上げられるよりも危険が少ないので、こちらで実験してみてください。

技は全ての要素が絡み合い完成されるのでしょうが、高段者とそうでない人の違いは自覚するしないにかかわらず、背骨のコントロールができているかいないのかに大きく左右されるようです。コントロールできるようになるためには意識をそこにもっていけるのか、またコントロールを可能にするために必要な最低限の筋力がそこにあるかが問題なのです。

背骨の制御で重心を操作し、崩す応用例。

1：4人に手足を掴まれ、持ち上げられる。背中はやや反っている。

2：背骨の3つの意識で背骨を制御して、一瞬で重心の位置を変える。

3：重さの変化に対応できず、下ろしてしまう。

第三章

日本武道学舎合気道

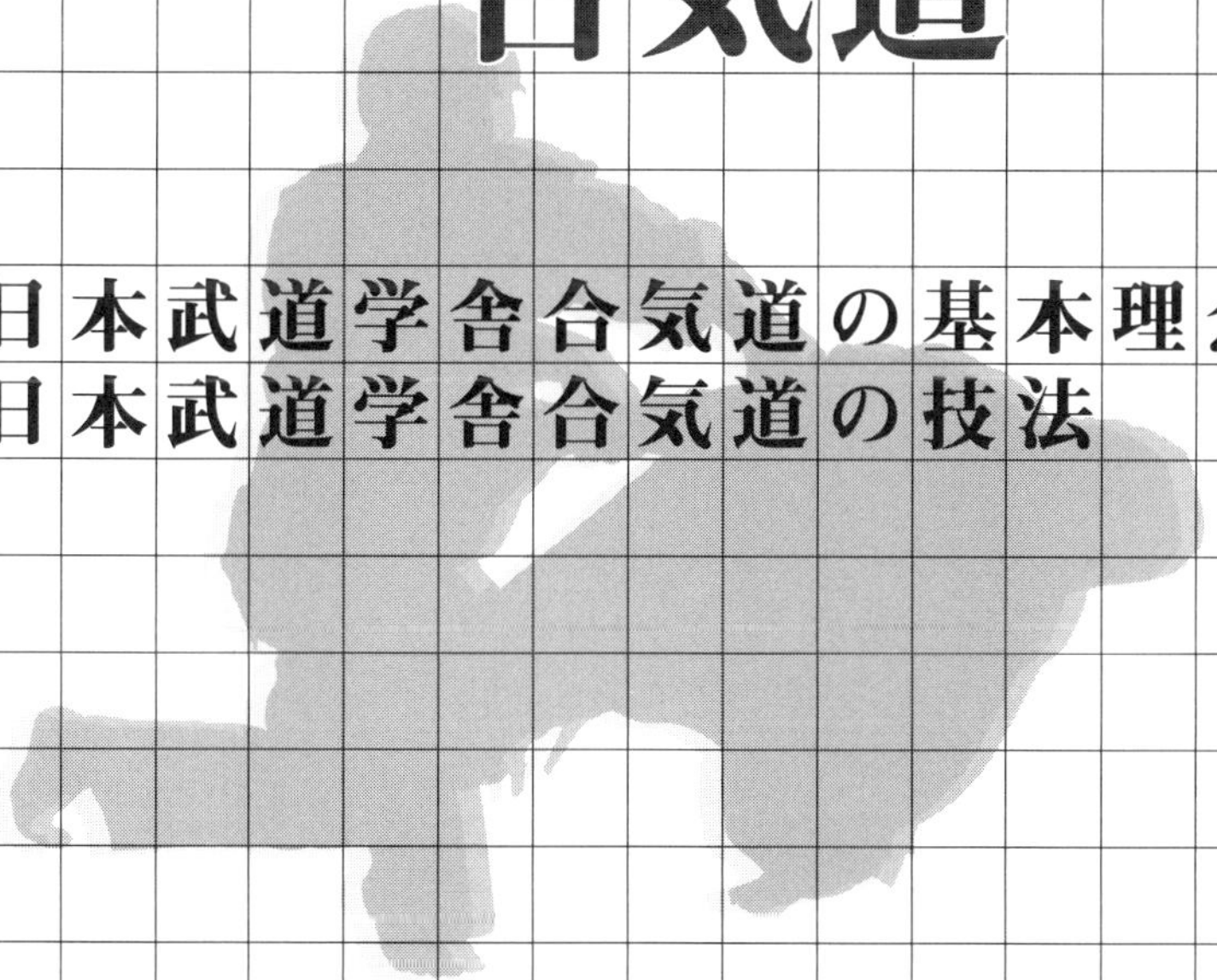

◯日本武道学舎合気道の基本理念
◯日本武道学舎合気道の技法

日本武道学舎合気道の基本理念

私が主催する「日本武道学舎」で指導している合気道は、自らの身体の軸を確立することが主体になります。自分で身体を動かしても常に軸がブレず、また相手から力をかけられても揺るがない、そういう軸を手に入れることを目指しているのです。

正しい姿勢で立ち、無理のない動きができ、手や足が自由になる身体、実際には60kgしかない体重を、相手にとっては80kgにも感じられるような身体を作ることが主眼となります。

そしてそのような身体をもって技をかけてはじめて、キレが良く、破壊力をもった技となり得るからです。それは、合気道のみならず、様々なスポーツにも、日常生活にも役立つ身体の使い方です。

投げる際には、体軸をつくり、瞬間的に関節を極め、技をかけます。これは、大東流の技法に似た特徴です。

そして、体軸をつくるためには、必要最低限の筋力を身につけることになりますが、それ以外は腕力に頼らずに、自分の体重を利用することで技が使えるようにしています。また、筋力を使うときは、必ず〝屈筋〟ではなくて、〝伸筋〟を使います。

流れで投げる——つまり、相手の勢いを利用した技は素晴らしい技術ですが、私の道場では基本を覚えた者がたまに行う程度で、頻繁には稽古しません。まず「剛」があり、その後で真の「柔」が得られると信じているからです。

しかし、合気道の技を身につけることが最終目標ではありません。たとえ、破壊力をもった技が使えるようになったからといって、この社会で使えるわけではないからです。それよりも、確固たる自身の軸を身につけ、精神的にも自分に自信をつけるのが稽古の先にある目的であり、それとともに、日常生活に活かし得る姿勢や動きを、具体的かつ理論的なものとして身につけるために身体の構造や動きを研究するのです。

是非、これから紹介するコツを体感と共に稽古して、効率の良い身体の使い方を身につけてほしいものです。

本章では、この思想のもと、日本武道学舎合気道の説明をしていきます。

まず、「相手から力をかけられても揺るがない」ために、守りの基本を学びます。守りの基本とは、つまりこれまで説明してきたような、姿勢を整えることです。

次に、攻撃の基本を学びます。私どもが稽古する攻撃技は、私自身の空手の修行経験と運動基礎理論を活かした、実践的なものです。

そして、防御と攻撃を学んだ上で、「身体を動かしても常に軸がブレない」ことを目指し、合気道の投げ技の稽古へと進んでいきます。

本書で紹介する技は、1章で紹介した運動基礎理論の応用が、比較的分かりやすいものを選びました。ですので、必ずしも稽古する順番という訳ではありません。

また、先にも書いたように、稽古の基本は「剛」の技で、紹介する技は「極め」を重視したものです。ですが、「極め」重視の技であろうと、「流れ」重視の技であろうと、まず自らの身体を強く、かつ自在に操れることが重要であることは、共通しているはずです。だから、私のお教えするコツも、合気道を修行しているどなたにとっても、役立つものであると信じています。

■守りの基本——姿勢・構え

守りの基本とは、姿勢であり、構えです。素早く動き回るのも守りの要素ですが、相手から重く石のように感じられるのも大切な守りの要素です。構えの姿勢は、足が前後に開き、身体が相手に対して斜めになるだけで、基本的には1章で述べたものと同じです。

足を前後に肩幅程度に開きます。そして【仙骨の締め】【首の前固定】【腰力】を使って、「ブレない体軸」をつくります。踵は紙一枚分だけ浮かせて、足の親指で床をしっかりと掴むようにします。

しっかりと【仙骨の締め】ができていれば、股関節を前へ押し出したような感覚が得られるはずです。この感覚は、未経験の方にとっては想像以上に「股関節前面が前に押し出される」感覚があるため、驚

構え

かれる人もいるはずです。この「股関節の前面への押し出し」が股関節と骨盤との密着度を高め、腰筋、腰椎へと身体を繋げて、下半身を一体化させる効果を高めるのです。

次に、両手を前方に伸ばします。前に出ているほうの手は顔の高さで、もう一方は肩の高さです。両手とも指先が前方に向き、手のひらは下向きから若干前向きです。両肩とも【肩の前固定】、肘は手のひらと同じ側にくるように【肘の絞り】をして、腕全体を絞る感覚で強化します。

このとき、しっかりと【首の後ろ固定】ができていないと、猫背になってしまうので、特に胸椎をへこませるような感覚が得られるとよいでしょう。

実際にこの構えをして、誰かに押したり、引いたりしてもらって、「猫背、反り腰で親指が浮いた構え」と強さを比べてもらってください。その強さの差に驚かれることだと思います。

この姿勢から前進するときは、踵で瞬時に床を踏ん張り、【仙骨の締め】で股関節と膝を押し出すようにします。この動きで「居着き」は少なくなります。つま先で床を蹴ろうとすると、一度股関節が後ろにさがってしまい、全身のつながりが弱まり、軸がブレてしまう上に、全身がバラバラに動くことになってしまいます。それに、つま先で床を蹴るような身体の使い方では、筋力のバネに頼った動きとなり、加齢とともに衰えていくでしょう。

回転動作は、腰椎からひねらずに、回転軸を身体の外に出して、両肩を結ぶラインと両股関節を結ぶラインがねじれないように、鼻・ヘソ・手の位置が同時に動くようにします。

■攻めの基本――手刀・当て身・前蹴り

日本武道学舎の合気道では、攻撃の技術も実践性を重んじています。第1章で述べたように、合気道家も積極的に打撃に対する稽古をするべきだと考えています。私自身が空手を経験しているからなのですが、合気道の技が打撃系武道の人を相手にどれほど通じるだろうかと、私は常々考えています。

また、攻撃のレベルが低かったり、投げられるために仕掛けたりしているようでは、合気道の技が本当にできているかどうかが分かりません。打撃の稽古をしたことのある人を相手に投げ技の稽古をしてこそ、合気道の技の実践性も高められますし、投げる側も打撃の経験があれば、打撃に対する耐性も身に付きます。そして、それが自分の自信にもつながるのです。

ですから、私の日本武道学舎では、一般的に合気道で行う「手刀」の稽古の他に、当て身として「突き」と、自分の膀胱の高さ程度に足を上げる「前蹴り」も稽古します。男性であれば、「下段回し蹴り」も稽古し、脛も鍛えます。

合気道には「実戦は、当て身7割、投げ3割」という言葉もあるのです。もちろん、実戦を進んでする必要はありませんし、「生兵法は大怪我のもと」でもあります。でも、いざというときに、実際に何かを打ったり、突いたりした経験や、鍛えた脛で蹴ることができるという自信があるだけでも随分と違います。それにもちろん、合気道の稽古もより意味のあるものになりますし、合気道の技自体も活きてくるはずです。

本来は、攻撃する側も大切な稽古です。打ち込む側の意識の持ち方で稽古の質も変わってきます。だから、どうすればより良い攻撃ができるかも稽古する必要があります。正しい姿勢をして、正しい身体の使い方で攻撃をしたいものです。

手刀

膝を内に入れない

腰から上半身を倒さない
股関節を後ろにさげない

1. 手刀

合気道において一般的な攻撃方法の1つで、剣術の攻撃をイメージした動作です。これも大切な稽古なので、しっかりと要点を押さえてください。

構えの仕方は守りの基本と同じです。

どんな攻撃にもいえることですが、股関節の位置が後ろにさがってしまっている姿を、よく目にします。【仙骨の締め】を意識して、しっかりと股関節を前に押し出して構えます。

多くの人が、手刀を振りかぶる動作で、肘を曲げてしまいます。これでは、休重も乗せられないので、手打ちになってしまいます。

また、打ち込む瞬間に腰を引いて、腰（腰椎3番）を反らしてしまう人や、逆に腰椎3番から上体を倒してしまう人もいますが、これでは安定した体重の乗った打ち込みはできません。

仙骨を締め、股関節あるいは膝から上を一本の軸として使うのが理想です。

足の注意点としては、【仙骨の締め】で股関節と膝を押し出して打ち込むのですが、正面から見て、膝を骨盤より内側に入れてしまうと、前方への重心移動が止まり、手刀に重さが伝わらないので注意しましょう。

2．当身（あてみ）

日本武道学舎では、当て身の技術として、捻る突きと、縦拳での突きの2種類を教えています。この技術は、単なる攻撃の技術にとどまりません。「一本捕り」や「車倒し」などの腕を伸ばして相手を押す動作の際の、正しい身体の使い方を学ぶための稽古法としても有効なものです。

まず、基本となる姿勢は、守りの構えと同様です。

前に出る際には、もちろん股関節をさげません。踵で床を押し、できるだけ膝で前にでます。

突きを重くするコツとして、【肩の内回し】（P．56）を使います。【肩の前固定】は前後の動きであるのに比べ、【肩の内回し】は肩を若干上から前に回す、縦回転の動きです。縦に回転して前に出た瞬間に【肩の前固定】となります。

肩を縦に回すのに慣れないうちは、一度、肩を後ろに引いて大胸筋を伸ばすようにするとよいでしょう。このコツを稽古しておくと、腕だけで突く動きではない、上半身で打つような重い突きができます。最初は大きく回しますが、上達に従って徐々に小さくコンパクトにしていきます。

そして、【首の後ろ固定】で、胸椎をへこませるように意識して、腕を前に突き出します。【肩の内回し】と合わせて行うと、感覚的には、「背中を使って打つ」ような感じになります。

捻る突きの場合、構えた時点では拳の甲は下を向き、可能な限り標的の近くで、瞬時にスナップを利かせて手首を返します（拳の甲が上向きになる）。手首を返すときは、小指を支点にして返すようにします。この手首を返す動きは、【肘の絞り】であり、「肩で手のひらを返す動き」です。

【肩の内回し】【肩の前固定】【肘の絞り】のタイミングを一致させて、当たる瞬間に「肩から人差し指へのライン」をつくります。

縦拳の場合、当たる瞬間に小指を締めて、【肩の前固定】と【肘の絞り】で、「肩から人差し指へのライン」をつくり、標的に人差し指の付け根から当たるようにします。

当て身

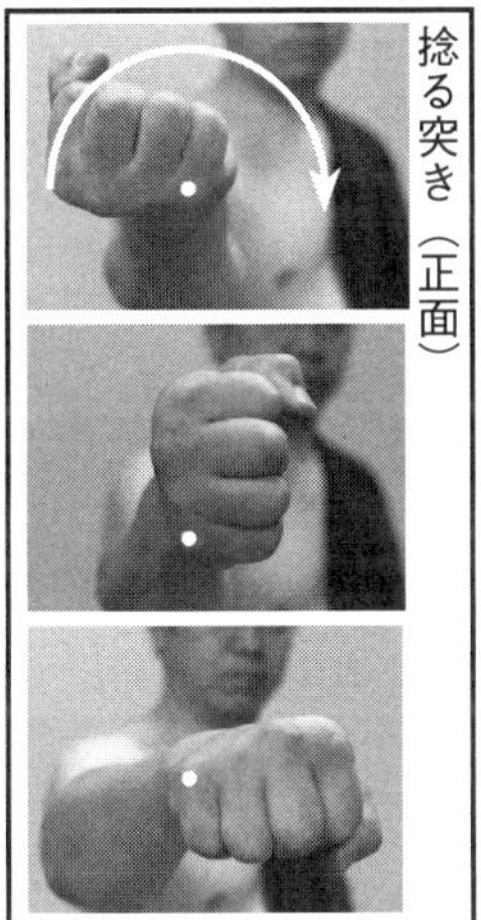

小指の付け根を中心に手首を返す。
当たる瞬間は、肘が絞られ、肩から人差し指のラインが出来ている。

捻る突きの場合
【肩の内回し】と【肘の絞り】で腕を使う。【首の後ろ固定】ができると、背中で突きが打てるようになる。
手首の返しは、肩で手のひらを返す要領で行う。
下半身は、【仙骨の締め】て、股関節を後ろにさげない。

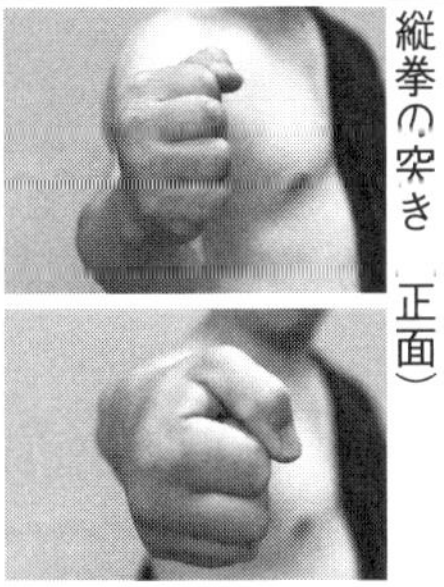

縦拳でも縦にスナップを利かせて、肩から人差し指のラインを出す。

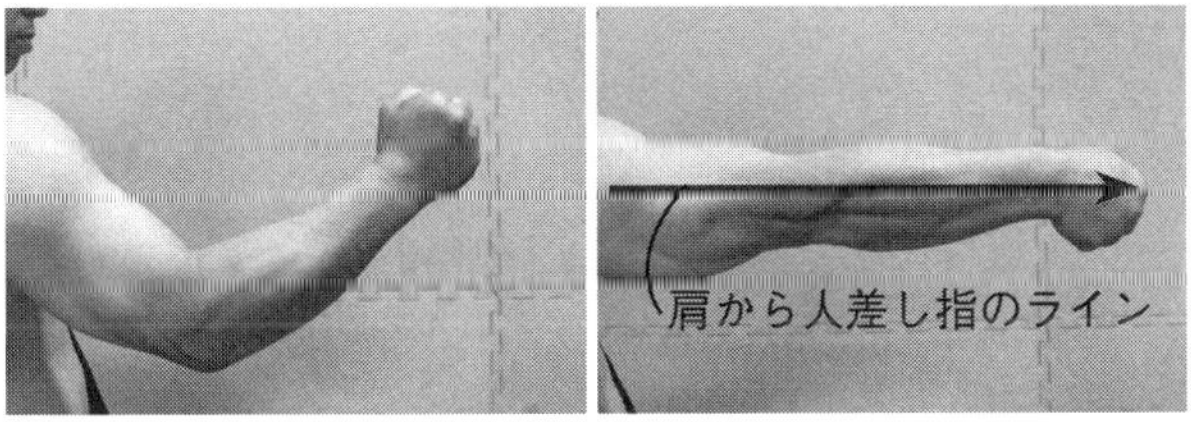

縦拳の場合
突きはじめから当たる瞬間まで。肘が下を向き、肘が絞られた状態をつくる。
【肩から人差し指のライン】（右上図の矢印）ができる

蹴り技（前蹴り、関節蹴り）

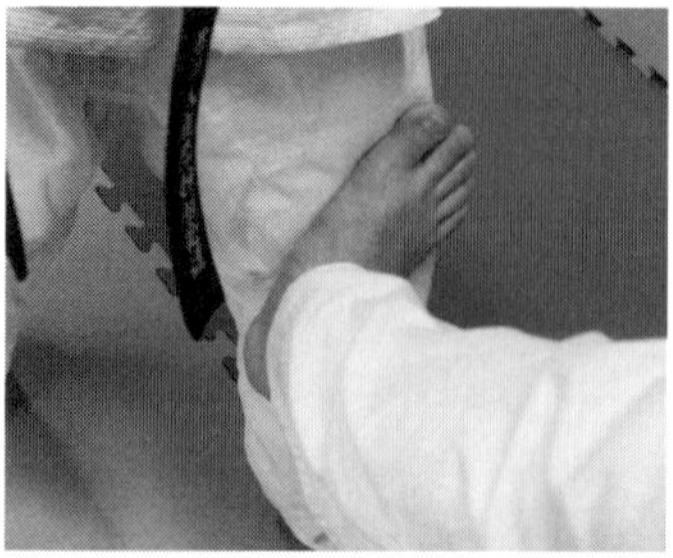

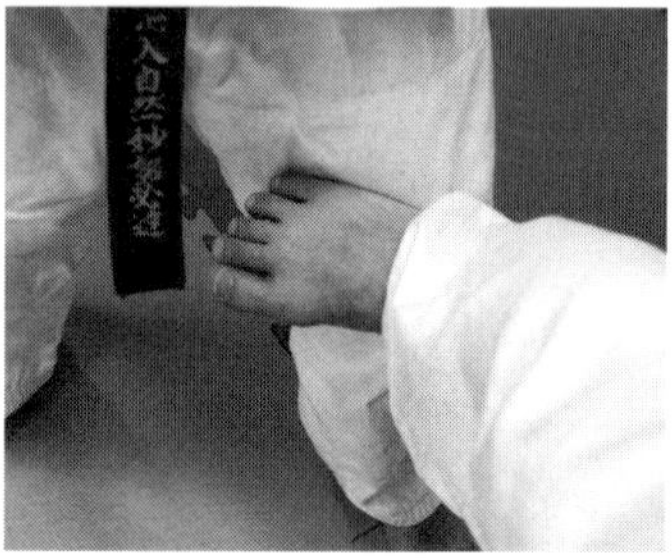

3. 蹴り技

本来、合気道では、足を地面から離すことを嫌いますので、蹴り技はありません。しかし、日本武道学舎では、前蹴りと関節蹴りを指導しています。

打撃系武道のように腹部や頭部への蹴りは必要ないとは思いますが、膝関節や膀胱への蹴りは覚えておいた方がよいと考えています。相手がタックルや、急に飛びかかってきたときに、突進を止めることができますし、それがそのまま体勢を崩すことにもなります。

蹴るときは、上体を反らさないように注意します。体重がのらないので逆に押されてしまうからです。また、蹴った後、すぐに技をかけることができるような間合いが理想です。関節への蹴りは普通の前蹴りのようにすると滑ってしまうので図のように足首を斜めにします。

日本武道学舎合気道の技法

さて、いよいよ合気道の技の解説に入ります。

用いるコツは、これまで説明してきたものを使いますので、1つ1つのコツごとを身につける稽古とともに、その技に合った使い方をできるように繰り返すことが大切です。

本書では左右の片方だけを解説しますが、左右どもバランス良く稽古してください。

■合気と合気挙げの稽古について

合気道の基本稽古として、また合気という不思議な技の象徴的なものとして、「合気挙げ」という技があります。合気挙げのやり方としては、様々言われていますし、その解釈も様々です。

そもそも、「合気」というものの解釈自体が様々です。そう言う意味では私自身、「これが合気だ」と言われるものを体験したことはないですし、「合気とは何なのか」を理解できていないのかもしれません。

でも「私が体験していないから」あるいは「理解できないから」といって存在を否定するつもりは毛

頭ありません。実際にできる人はいると思いますし、そういった人たちにとっても解釈は様々でしょう。

さて、私が本書で説明する「合気挙げ」は、「運動基礎理論」からみた合理的な腕の挙げ方と、身体の支え方です。これは、おそらく達人のする「合気」の手前にある技術であると考えています。

初心者の段階から脱力やなにか不思議な技法を求めても、暗中模索で何から始めたらよいか分からないでしょう。ここで説明する合気挙げは、「合気」を手に入れるための基本、入り口として考えてください。

私の道場では、合気挙げの稽古は、相手を持ち挙げるのが目的というよりも、むしろ自分の正しい軸をつくり、同時に必要最低限の筋力を備えた身体をつくることを目的として行われています。筋力は必要最低限備えておくにこしたことはありませんし、正しい軸を手に入れられれば、意外と簡単に相手の重さを支えることができ、上手くすれば挙げることもできます。

まず初心者には、合気挙げは力で挙げることを意識して稽古を始めてもらいます。力といっても、腕力だけではなく、身体全体の筋力を総合して使う力です。

初心者はまず、腕力だけで挙げようとします。すると、身体の前面の筋肉に力が入り、体幹部も屈筋優位の身体の使い方になります。腹筋に力が入り、前屈みになったり、猫背になったりして「正しい姿勢」から離れていきます。

そこで、【仙骨の締め】【首の後ろ固定】【腰力】を使って背筋を正して、背中を意識するようにします。背中で挙げるような感じがでるとよいでしょう。

ただ、3つのコツがしっかりと意識できていないと、背中で挙げようとした途端に、腰が反ってしまいますから注意が必要です。

【仙骨の締め】をしてから、【首の後ろ固定】と【肩の前固定】をして、胸椎をへこますように意識できると、軸を背中でつくる意識がつくりやすいはずです。

合気挙げ稽古

【仙骨の締め】【首の後ろ固定】で体軸をつくり、【肩の前固定】で腕を強化する。背中で支える意識がつくれれば、意外と簡単に相手を支えられる。（背骨は直線に近くなる）
写真右下は、初心者に多い例。腕力であげようとして、屈筋優位になっている。（背骨は全体がＣ字になっている）
写真左下は、背中を意識しているが、腰が反り、背骨が大きくＳ字になっている。

■手首外し

まずは、合気道の基本である、捕まれた手首を外す（相手の手から逃れる）ことから始めましょう。

つかまれ方には2通りありますが、どちらもほとんど同じです。

1つは同じ側の手で捕まれた場合で、こちらの右手首（左手首）を相手が左手で外側から捕まえてくる方法です。もう1つは反対側の手で捕まれた場合で、こちらの右手首（左手首）を相手が右手（左手）で内側から捕まえてくる方法です。

まず、捕まれた瞬間、背筋を正し体軸をつくります。

手首の外し方はどちらも同じで、捕まれている手で必ず相手の親指側を攻めるようにします。捕まれている方の肘を、相手の肘にぶつけるつもりで肘を回し、自分の手の親指で自分を指すようにすると上手くできるはずです。

また、これに運足を加えるとより楽に外せますし、全身を連動させる稽古にもなります。このとき気をつけるのは、腰椎にねじれができないように、両股関節と両肩を結んだ四角形の面が崩れないように身体を保つこと。そして、回転動作をするときは、回転の軸を身体の内側に入れないことに注意してください。

手首外し

■一本捕り

大東流では、「技は一本捕りで始まり、一本捕りで終わる」と言われています。つまりこの「一本捕り」の中に全ての技が凝縮されているということです。

中国拳法の諺《ことわざ》にも「多くの技ができる者を恐れず、一つの技に精通している者を恐れろ」というものがあります。また、「一芸は百芸に通ず」つまり「一つの技ができると他の技の要素が含まれているので、あらゆることができる」という諺もあります。

狭義としては、反対のことをいっているように読めるのですが、広く解釈すると、どれも同じことに気付きます。

「一本捕り」には、運動基礎理論から見ても、確かにあらゆる要素が含まれています。居取りから始まる技ですが、背筋の使い方、【仙骨の締め】による前進、【首の後ろ固定】と【肩の前固定】による腕の強化、【肩の前固定】【肘の絞り】【肩から人差し指へのライン】を、技の中で学ぶことができます。

一本捕り

１：互いに踵をあげて座り、向かい合う。

２：相手の正面手刀打ちを防ぐタイミングは、剣術に通じる。理想的なのは相手が出てきた瞬間に、こちらも出ること。

コツ▶【仙骨の締め】が緩みやすいので注する。受けをする腕は、【肩の前固定】。足を出した瞬間に身体が捻れてしまわないように、「身体の四角形」を崩さない。

３：相手の腕を崩す。

コツ▶【肩の内回し】の要領で、相手の腕に体重を乗せると、背中から手までがアーチを描き、強度が増す（※１）
【肩から人差し指へのライン】を意識、手首を曲げないように注意する。
仙骨を締める力で両股関節を前に出して、腰が反らないように注意する。

４：相手を落とす。

コツ▶【仙骨の締め】を意識して、股関節を後ろにさげない。重心の移動は膝でコントロールすると意識しましょう。

■抱き締め

「抱き締め」は、身体を捻らないように回転して投げるコツを覚えるのに役立つ技です。

居取りで行うため立ち技よりも脚の自由度が低く、股関節の使い方と、その動きによって相手の軸を崩すコツを学びます。回転運動の軸を身体の外につくること、回転の際に身体を捻らないように「身体の四角形」が歪まないように、あるいは鼻・へそ・手の「三点セット」が一緒に動くようにすること、そして【仙骨の締め】で股関節を下げない動きを身につけましょう。

抱き締め

1：互いに踵をあげて座り、向かい合い、両胸襟を掴まれる。

2：相手の左肘の内側に、左手刀を押し当て、右手をそえる。背筋が伸びていれば、この時点で相手を崩せる。そのまま身体の向きを右に向けて、相手を崩す。

コツ▶鼻、へそ、手の「三点セット」が、バラバラに動かない（※１）。腕は使うというよりも、固定する感覚。

3：膝を開き相手を巻き込むように投げる。

コツ▶【仙骨の締め】を緩めず、股関節前面を張る意識を持つ（※２）。
相手の耳横が相手の重心であるので、耳の横へ相手の肘を落とす（※３）。

4：相手を落とす。

コツ▶技を通して、身体全体が一緒に動く。

■締め返し

「締め返し」は、相手が自分の胸襟を捕り、締め技にきた時に、相手の片肘を上（天）に向けて、もう一方の肘を下（地）に向けて曲げさせて、その両肘を大きく回すようにして投げる返し技です。立ち技でも同じ技ができますが、今回は、「居捕り」で説明します。

この技では、回転軸を身体に入れない回転動作に加え、背中から腕を使う感覚と、腕から相手に体重を伝える感覚を主に学びましょう。特に、合気挙げのように上方へあげる技術と、下方へ落とす技術を同時に行う技ですので、片方ずつを稽古したあとで、両方同時に行う稽古として行うとよいでしょう。

1：互いに踵をあげて座り、向かい合い、両胸襟を掴まれる。こちらは腰をあげて応じて間合いをとる。

2：左足を立てて、左手で相手の右肘の内側を下から押し上げ、同時に右手で相手の左肘の内側を押しさげる。

コツ▶上にあげる腕は背中を通して骨盤から伸ばす感覚で行う（※1、2-1）。下に落とす腕は背中を伸ばす力を使う（※2、2-2）。

締め返し

3：身体の向きを変えつつ、相手を崩す。

コツ▶「回転の軸を身体の中に入れない」
回転の軸は股関節のすぐ横にする（※3）。
このとき、鼻、へそ、手の「三点セット」は同時に動くこと。

4：相手を投げる。

コツ▶技を通して、身体全体が一緒に動く。
もちろん、仙骨を締めて、首は後ろ固定して、体軸を保つこと。

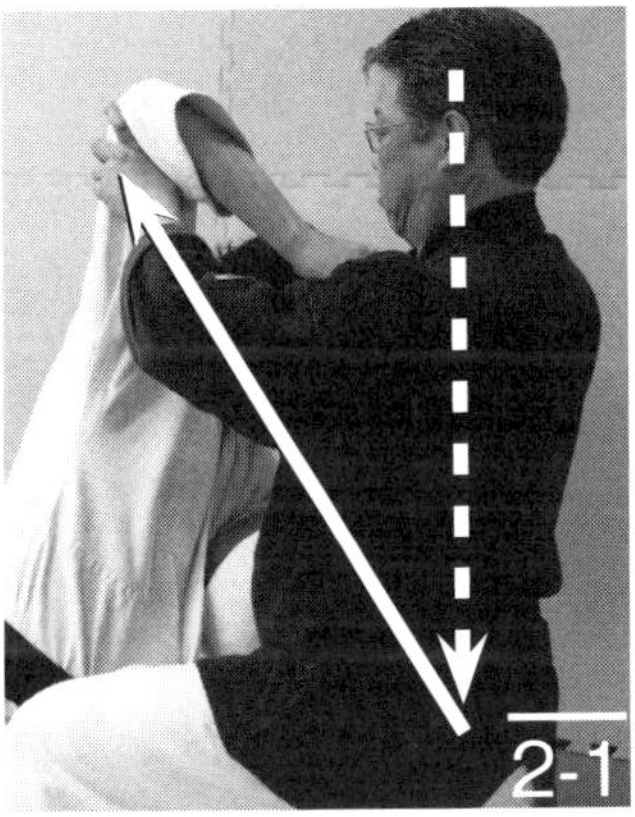

2-1（別角度1）
実線は力の方向、破線は意識する方向。
骨盤から手までを一緒に伸ばすという意識が持てるとよい。

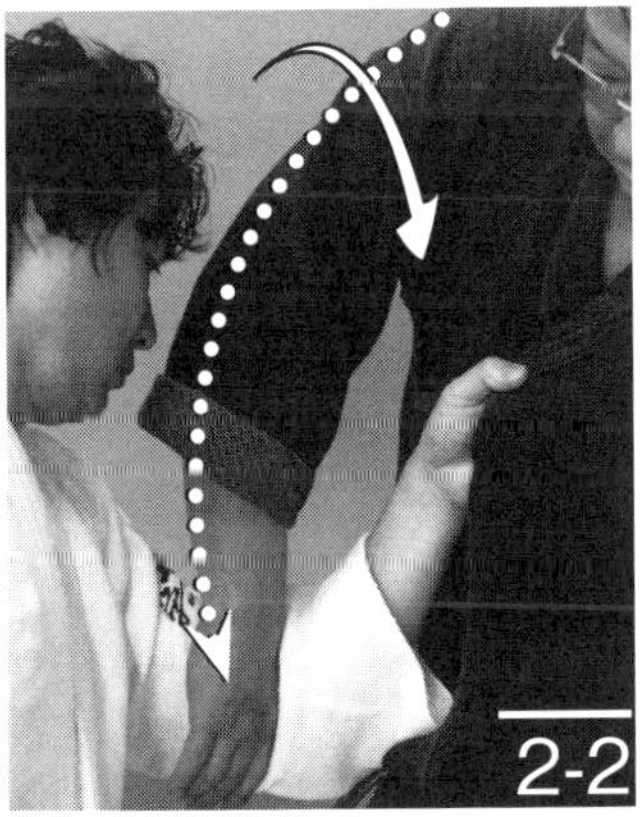

2-2（別角度2）
背筋を伸ばす力、【肩の内回し】をつかう。

■膝車

この技は柔道にもある投げ技で、お互いつかみ合いになり、腕を突っ張りあった状態からかけやすい技です。少し難しい技ですが、先ほどの「締め返し」で学んだ腕と背中の使い方の応用として、ここに紹介します。

柔道のように組み合うと、姿勢の大切さがよく分かります。【仙骨の締め】【首の後ろ固定】をして、背筋を伸ばすことで、相手はこちらの四肢が重くなったと感じます。

この技では、片手で相手を引きつけながら、もう一方の手で押すという動きになります。このときも腕力や腹筋に頼った「屈筋優位」の動きになりやすいので、十分注意する必要があります。当然、押し引きも腕の力ではなく、背筋を伸ばす力を使えると良いです。

膝車

1：柔道のように組み合う。この時点で体軸をつくり、背筋を張れば、安定感が増し、相手は重みを感じる。
関節蹴りや不意に押されることを警戒して、膝を伸ばしきった状態にしない。

コツ▶姿勢の基本である【仙骨の締め】と【首の後ろ固定】をする。

2：大きなハンドルを回すように、右手で引き、左手で押す動きを同時に行い、相手を崩す。
相手の崩れに合わせて、足を相手の膝に当て、つっかえ棒にする。

コツ▶【仙骨の締め】をして、股関節を前に出し、股関節と大腿骨のつながりを強化すれば、軸足もつっかえ棒にした足も強くなる。

3：２の動きを止めないようにつなげ、投げる。

■逆腕捕り（裏）

「逆腕捕り」は、「一本捕り」と、相手を落とす辺りの身体の使い方はほとんど同じです。しかし、フィニッシュに至るまでの動きに、他の要素が加わります。１つが、相手に重さを伝える肘の使い方。「締め返し」では手で落としましたが、「逆腕捕り」では肘で重さを伝えて、相手を崩します。

そしてもう１つの追加要素として、左右の回転運動の切り替えがさほど難しくない範囲で、用いられます。これらのコツを意識して、稽古してみましょう。

逆腕捕り（裏）

1：相手と正対し、胸襟を掴まれる。

2～3：右手で顔面を守りながら、身体を右に向けて、相手の左肘に左肘を乗せ、重みを加える。

コツ▶【仙骨の締め】をして、股関節を後ろに引かないようにして、膝を曲げる。

4：身体の向きを戻しながら、「締め返し」と同じ腕の使い方で、相手の肘を上に向けるように持ち上げる。持ち上げた肘を相手のこめかみに当てるようにすると相手を崩しやすい。

5～7：「一本捕り」と同じように、【肩の内回し】を用い、「肩から人差し指のライン」を意識して、相手を投げる。
相手の手首を90°に曲げ、折り曲げた親指を相手の頭を指さしさせるようにすると手首が極まりやすい。

■手刀詰め

「手刀詰め」は、掴んできた相手の手首を極めて、下に落とす技です。

これは、「股関節を後ろにさげない」ことの効果が、比較的分かりやすい技です。仙骨を締め、股関節を押し出すことで、上半身の重さが有効に使えるようになることを実感してください。

相手に体重をかけるときに股関節を引いてしまうと、途端に技が利かなくなるので注意してください。

相手の左手で右手を捕られた場合と、同じく左手で左手を捕まれた場合と、その応用技を紹介します。

1：右手首を左手で外側から掴まれる。

2：すかさず右斜め前に体をかわしつつ、左手で相手の顔面へ掌底打ち（相手の上段攻撃への防御もかねる）。

コツ▶肩を縦に回すとともに、掴まれた右手首を下に曲げ、手首を外すこともできる形をつくる(※1)。

手刀詰め（左手で右手を捕られた場合）

3-1

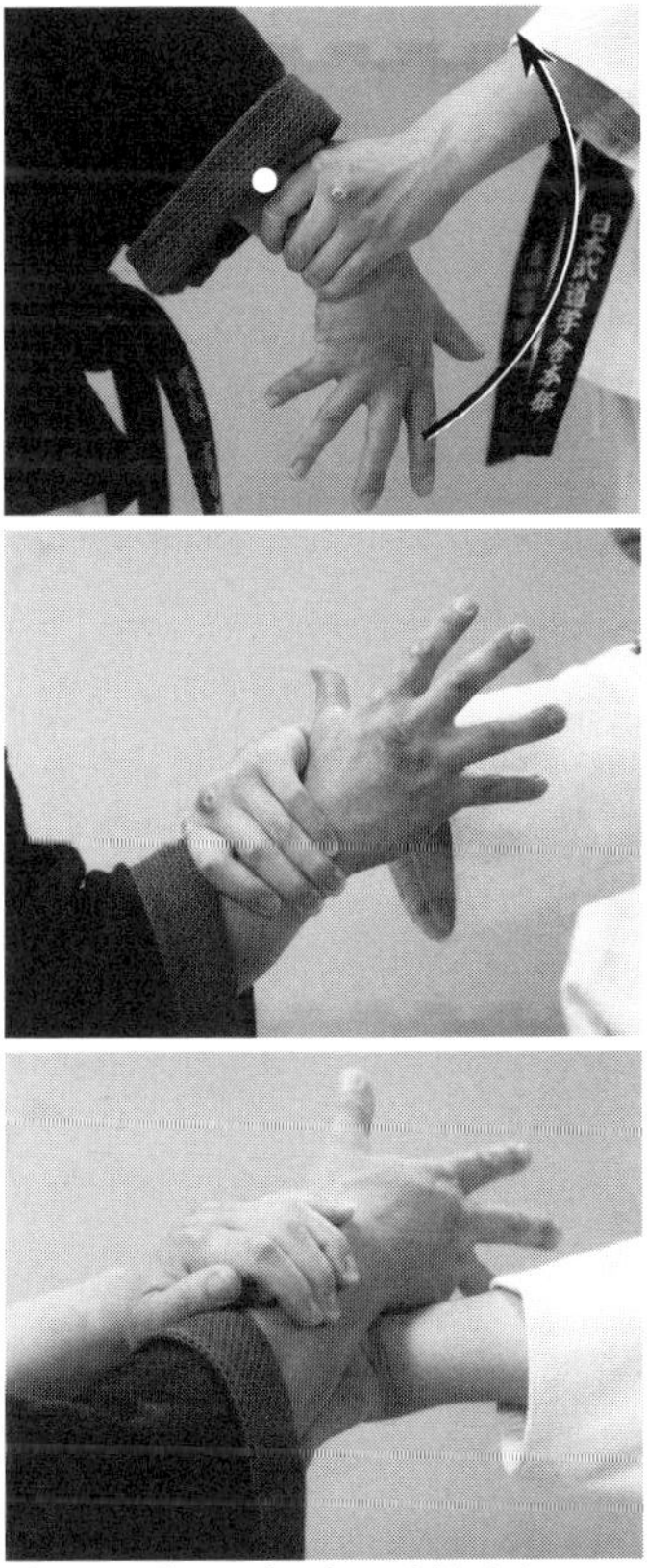

手をあげて、相手の手首を極めるときの動き。肘や肩を支点にして持ち上げていては相手の力とぶつかってしまう。前腕の中央辺りを中心に指を外から回しながら上へ、同時に肘をさげると、持ち上げやすく、手首を極めやすくなる。

3：左足を右足の後ろに回し、相手と斜めの位置へ。同時に手を相手の腕の外から回し、手首を極める。このとき、自分の指先を相手の正中線に向ける。

コツ▶手をあげるときは、写真 3-1のように前腕の中央辺りを中心に、前腕を回しながらあげる（※2）。

4：手首を極め、相手を落とす。

コツ▶極めは、腕をおろすのではなく、【仙骨の締め】で股関節を前に張り、その力で腕を伸ばすようにする。

手刀詰め（合半身）

1：合半身（右手首を右手）で掴まれる。

2：掴まれている腕の肘を相手に打ち込むように肘を外側から回す。このとき、自分の親指が自分の方を向くように意識する。
同時に、空いている左手で自分の顔面を防御する。

コツ▶右肘を出すときに、左肩を後方へさげてしまうと身体が捻れてしまう。左肩をさげないように注意して、背筋を伸ばし、両肩とも【肩の前固定】を意識する。

3：右肘を前に出す動きに続けて、肘を一度あげ、次いでさげる動きを行う（手は一度さがったあと、上を向く）。S字を描くようにする。同時に身体を正面に向けると、手首を極めやすい。

コツ▶右肘の動きは、【肩の内回し】で行ったように滑らかに動くとよい。また、両肩と両股関節を結んだ四角形は終始歪むことなく、連動している。

4～5：関節が極まっている相手の右手首に左手を添え、体重を相手にかける。

コツ▶体重をかけるときは、上体だけを前傾させず、膝を使って体軸を垂直に保ったまま前に移動するよう意識する（※1）。このとき、踵で床に踏ん張る力で膝を伸ばし、同時に腕も伸ばす（※2）。

手刀詰め（別法）

別法として手首ではなく、曲げた肘をそのまま下に落として極める技を紹介する。先ほどの方法から途中からどちらにも変化できるように稽古すると良いでしょう。

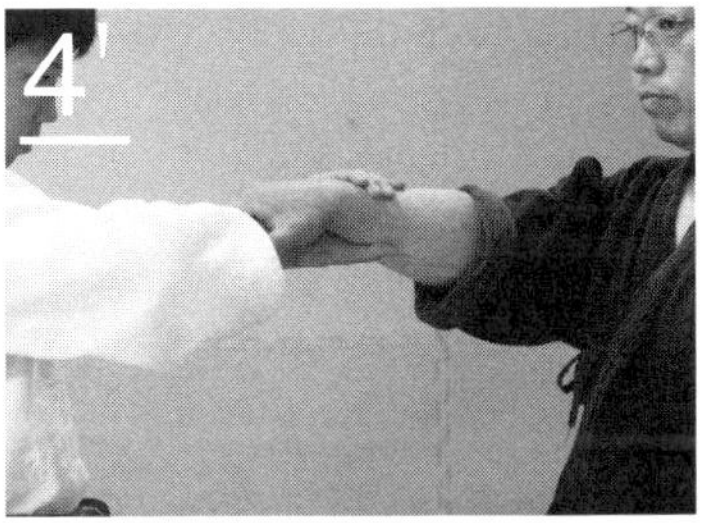

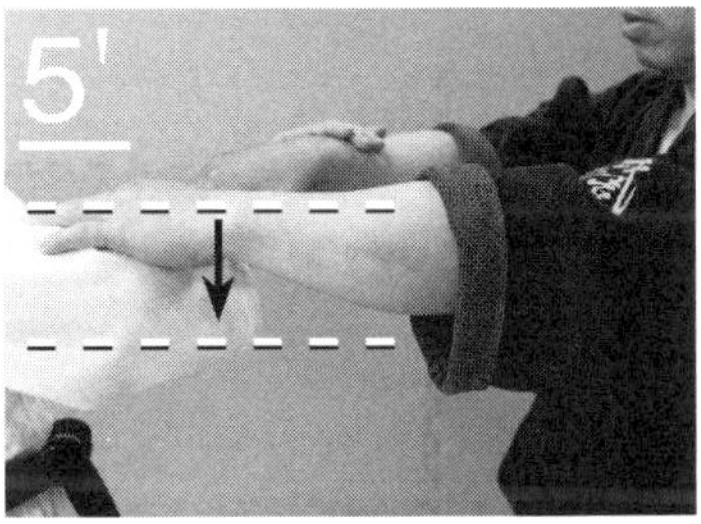

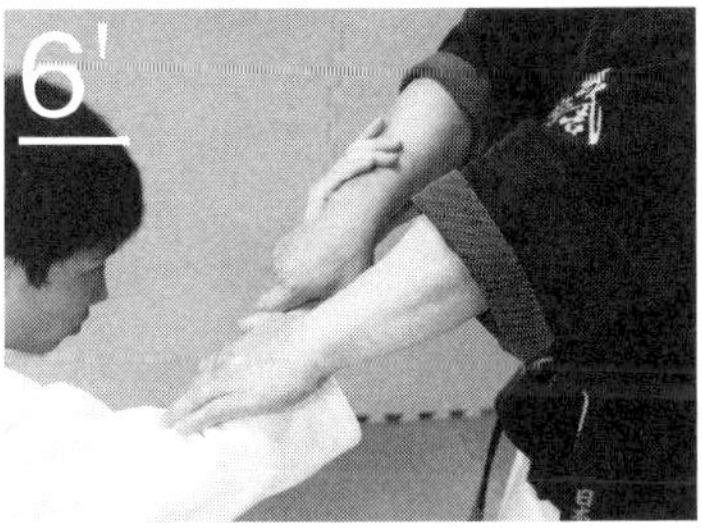

4'：はじめは通常の「手刀詰め（合半身）」と同じ。

5'：相手の右肘に左手を乗せ、相手の右前腕を床と平行のまま、下に落とす意識で行うと良い。

6'：相手を落とした状態。
この状態から、相手の右肘を左手で、今度は下から押し上げ、その肘を相手のこめかみに向かってぶつけるようにすると、「逆腕捕り（裏）」へつなげることができる。

別角度

■四カ条

「手刀詰め」に続いて、「股関節を後ろにさげない」ことで効果を発揮する技法として、「四ヵ条」を紹介します。

これは、初心者にとっては相手の手首を握っただけのように見える、一見不思議な技ですが、上半身の重さと、それを効率よく相手に伝える腕の使い方が分かれば、可能です。この腕の使い方は、当て身で解説した突きで使った「肩から人差し指のライン」の意識を使っています。

また、この技で用いられるこの合気道独特の手の握り方は、柔道のように相手の道着を掴む場合でも使えますし、様々な場面で応用できる優れたものです。

四ヵ条

1：相手の左手を右手で上から掴む。

コツ▶姿勢の基本である【仙骨の締め】と【首の後ろ固定】で体軸をつくる。掴み手は人差し指の付け根（下写真A）を相手の手首に押しつけ、小指を締める。手首は、やや内（手のひら側）に曲げる。

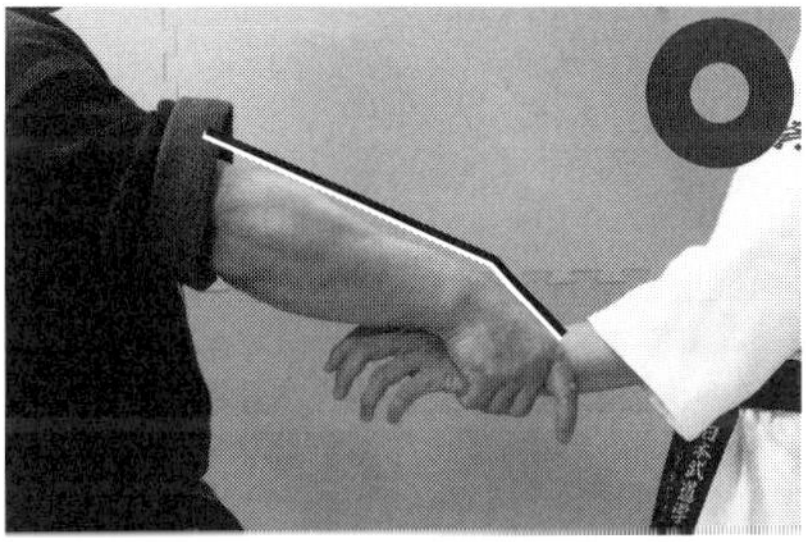

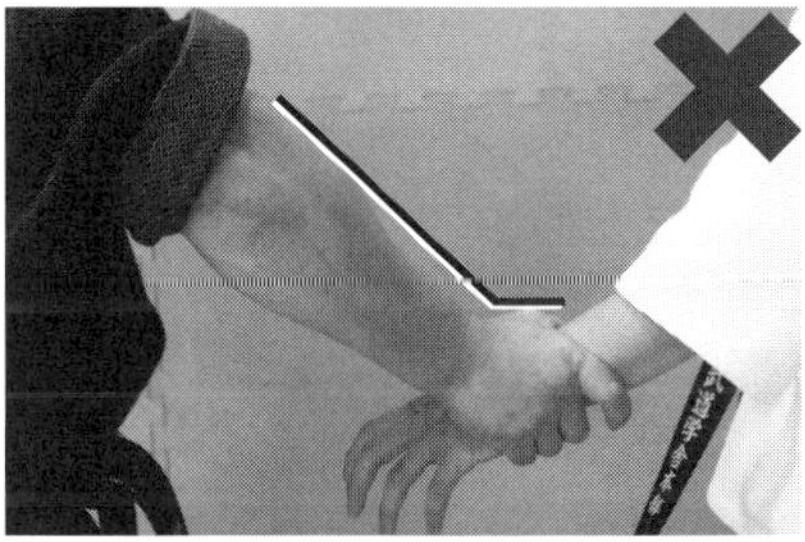

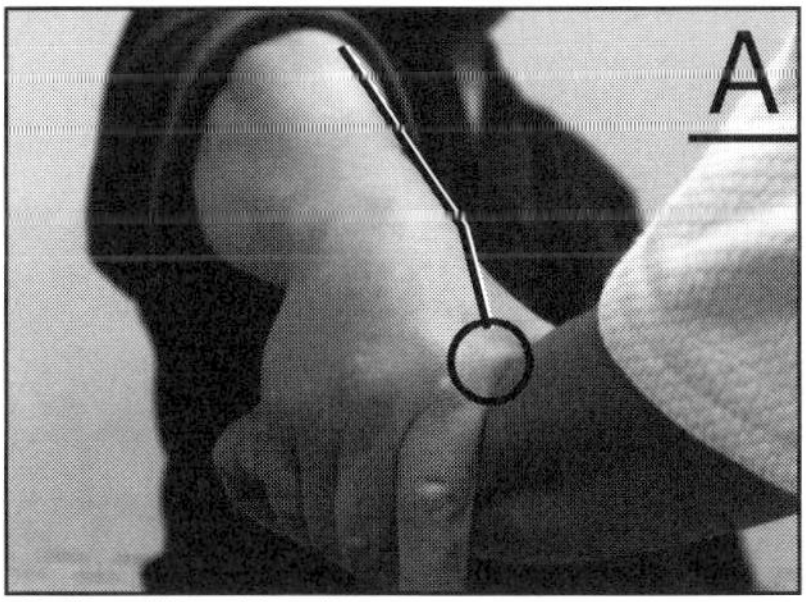

人差し指の付け根

2：体重をかけて、落とす。

コツ▶掴み手の右側だけが前に出やすく、身体が捻れやすいが、両肩を【肩の前固定】をすることで、これを防ぐ。また、上体を前傾させ過ぎず、仙骨を締めたまま、膝で前に出る。

■車倒し

「一本捕り」でも用いた【肩の内回し】で、自分の体重を腕から相手に乗せていく代表的な技として「車倒し」を紹介します。私の道場では、いくつかの方法でこれを指導しています。相手の肩に手の平を当てる方法、前腕を当てる方法、相手の腕を抱いて投げる方法の三種類があります。また、脚をかける方法も三種類、指導しています。

一見単純で、力技にも見える技ですが、いろいろな腕の使い方や足のかけ方を学ぶことで、どんな状況においても、いかに効率よく体重を伝えるかを学びます。

1. 車倒し1　手のひらを相手の肩に当てる方法

1：左手で相手の右袖を掴み、相手は掴み返してくる。

2：右足を相手の右足の横へ移しながら、左手のひらを相手の右肩に当てる。

車倒し１（手のひらを相手の肩に当てる）

３～４：体重をかけて、落とす。

コツ 仙骨を締める力で右膝を押し出すようにして重心を前に移動させ、その重さを相手に触れている右手から体重を伝えてゆく。右腕は【肩の内回し】で右肩を縦に回し、右腕は全体がアーチ状になる。

3'：悪い例。一度腰から反り返り、その反動を利用して投げようとしている。これが準備動作となり、技のタイミングが見切られてしまう。また、起きあがろうとする瞬間に腹筋を使うことになるため、相手にとっては逃げたり、返し技をすることができる。
さらに、接点である右腕が緩んでしまうことにも注目。

2. 車倒し2　腕を抱いて足を掛ける方法

今度は、手のひらではなく、肩の動きだけで相手の肩口に体重を伝える方法です。肩の動きといっても動く範囲が先ほどよりも小さくなり、間合いもかなり近くなりますので、脚を掛けることで技を掛けやすくしておこないます。もちろん、脚を掛けずに、【肩の内回し】と手を引きつける動きのみで相手を崩すことも良い稽古になるので、練習してください。

またここでは、先ほどと違い、懐に入る距離があるため、相手の懐に入る動きから投げる一連の動作を滑らかに行います。ポイントとしては、はじめから相手の懐に入ろうと横に足を出すのではなく、直進するとみせかけてとっさに変化するようにするとより実践的です。

背筋を立てて、体当たりをするつもりでやや前傾気味に入っていくと、体重が十分に使え、相手に返されなくなります。

相手の肩口に手のひらを当てる方法、肘を当てる方法ともに、組み合う手前の状況から懐に入る稽古もできますので、その辺りは組み合わせて工夫して稽古してください。

車倒し２（腕を抱いて足を掛ける法）

１：相手の左手首（袖でもよい）を右手で掴む。

２：直進するかのようにみせかけながら、とっさに変化して相手の懐に張り込む。左足は相手の左足の踵の斜め後ろ。体当たりするつもりで入ると、相手に返されづらく、また相手を崩しやすい。

コツ▶左足だけが前に出て、体幹部が捻れてしまいやすい。身体の四角形を意識して体幹部の捻れを防ぐ（※１）。左肩を【肩の内回し】して、相手を後ろに崩す。

３：２の動きを止めないようにつなげ、相手を投げる。猫背になりやすい動作なので、背筋を伸ばす力で回す、と意識するとよい。

コツ▶股関節を後ろにさげないよう注意し（※２）、また鼻、へそ、手の三点セットが同時に動くように回転する（※３）。

コツ▶相手の左足に掛けた足は、踵を床に着けて踏ん張る意識で、膝を伸ばす（※４）。

■裏落とし

【肩の内回し】の動きで、肩から相手に体重を伝え、投げる稽古として最適な技です。【肩の内回し】と、コンパクトな体重の移動を使う投技で、先ほどの「車倒し」よりも接触面が減っています。この技で、【肩の内回し】というコツを覚えると非常に実践的かつ応用も幅広いものとなります。

裏落とし

１：向かい合って立ち、右手で左袖を掴む（相手も左手でこちらも右袖を掴む)。

２：すぐに左足から相手の左足近くまで踏み込み、同時に左腕を相手の脇に差し込む。手は矢印の方向へ伸ばす。

コツ▶左足と左手は協調して動く。腕を差し込むときは、胸を張る(胸郭を開く）ことで、相手を自分の軸に引きつけられる。差し込む深さは、相手の二の腕が自分の三角筋に当たる程度（※１)。
この時点で、相手を持ち上げようと腰を反ってしまわないよう、【仙骨の締め】を意識する。

３：相手を崩し、投げる。

コツ▶【肩の内回し】の要領で肩を縦に回し、相手を肘で持ち上げるようにする。【肩の内回し】は、「手のひらを肩で返す」ようにして、手のひらで相手の右腰を叩くようにする（※２)。
技をかける左肩だけが前に出やすいが、右肩も【肩の前固定】の要領で、前に出す意識を持つ。
同時に【仙骨の締め】の力で膝を前に押し出す（※３)。
相手を崩す瞬間、自分の軸脚の膝を曲げようとすると、下への力が強く働きます。

４：相手を落とす。投げ終わったとき、相手の帯の横に自分の足があると理想的。

コツ▶技を通して、身体は捻れない。

■肘煽り

この技は、先ほど説明した「裏落とし」とは、裏と表の関係の技です。回転動作の方向が反対になりますが、【肩の縦回し】を用いる点は同じです。ただ、後ろへの回転動作は腰が反ったり曲がったりしやすいので、【仙骨の締め】をしっかり意識してください。

また、この写真では左腕を肩口まで相手の懐に入れていますが、相手の身長によっては前腕でも行えるようにしてください。

1：向かい合って立ち、右手で相手の右手首を掴む。

2：相手を手前に引き込みながら、自分も左足を出し、間合いを詰める。続いて左腕を相手の懐に入れ、後ろに回り込むように右足を回し、回転する。

コツ▶左腕は、肩口が相手の二の腕に当たる程度に差し込む。肩を支点に腕を上げて相手を上げようとするのではなく、「腕を伸ばす」という感覚で相手を浮かせる（※1）。

肘煽り

3〜4：相手の肘を煽るように投げる。

コツ▶「車倒し」と同様に【肩の内回し】の要領で肩を縦に回し、自分の肩を相手の二の腕に押しつけるように前に崩していく。肩で手のひらを返し、その手のひらで相手の左下腹を叩くような感覚。左肩が内回しで前に出ると同時に、右肩を前に出すように意識して、体幹部が捻れないようにすること。
また、肩の動きに協調させて、体軸を垂直に立てたまま、膝で前に出す。

■小手返し

合気道でもっともポピュラーな技の一つ「小手返し」を解説します。この技は、警察の逮捕術の三大技法の一つでもあります。この技も、運足と回転動作が入ってくるので、身体がばらばらに動かないように、鼻、へそ、手の三点セットを意識してください。

「車倒し」や「肘煽り」よりも、相手と接触する部分が相手の体幹部から離れており、それだけ相手に体重を伝えるのが難しいかもしれません。

「小手返し」は、自分から相手の手を捕りに行く方法と、相手の突いてきた手を捕る方法があります。相手の突きを捕らえるには、打撃とそれに対応する稽古が不可欠ですが、ここでは簡単に説明したいと思います。

また、本書では基本的な小手返しと、それをコンパクトにしたもの、そして腕全体を大きく使う、3つの方法を紹介します。

1．小手返し（基本形）

大きく回転するが、股関節を後ろにさげないこと、体軸を立てたまま動くことを意識して行う。体軸がしっかりしていれば、相手が途中で肘を引いてもその力を逆用することができる。

小手返し１（基本形）

１～２：相手の右の突きを左腕で受け流します。前腕を縦に立てて、肘から内側に入れるようにすると横に流しやすくなる。このとき、右手は顔面を防御する。

３～４：突きを受けた手で被せるように掴む。一度右に身体を向け、膝で沈み込むように相手の右腕に体重を乗せ、体勢を崩す。

５：身体を左に向けながら小手を返し、肩口に近づける。この時点で、手首を90°に曲げ、投げ終わるまで維持する。

６：右足を軸に左足で円を描くように回転して、相手を投げる。

（コツ）「三点セット」が同時に動くこと。また、このときに、右膝が伸びたり、股関節をうしろにさげてしまいやすい。【仙骨の締め】を意識して、膝で重心を操作すること。

2. 小手返し 小

この小手返しの方法は、相手が肘を曲げてしまい基本形がかからなかったときに使います。また、動きをコンパクトにしたいときに使います。

小手返し 小

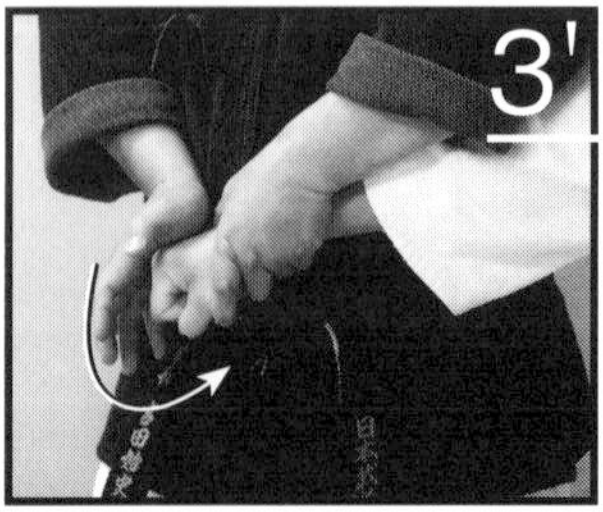

1～2：基本形と同様。相手の突きを受け流し、掴む。

3～4：脇を締め、手を固定したまま、身体の向きを変えて、腰で小手を返す。手首は「のりまきを巻くように」する（3'）。

5：相手の前腕を床に垂直に立てるつもりで落とし、極める。

コツ▶常に「三点セット」を意識して、身体がばらばらに動かないようにする。重心を落とすときも、仙骨を締めて股関節を後ろにさげずに、膝で操作する。

3. 小手返し　大

こちらは、相手の力が強い、あるいは相手の腕が伸びてしまい、基本形がかからないときの対策法の一つです。

小手返し　大

1～2：基本形と同様。相手の突きを受け流し、掴む。

3：相手の右肩を支点に、腕を振り上げる。上手くいくと、相手は力が抜けたように感じる。

4～5：相手の腕が緩まないように上げたまま、左足を相手の右足の横へ踏み込む。そのまま、相手を後ろへ崩し、投げる。
3で相手の手を上げるタイミングが良く、相手の腕を緩めなければ意外に簡単にかかる。

■四方投げ　片手捕り（裏）

「四方投げ」の片手捕りは、「小手返し」とは反対の方向への回転運動が使われます。方向は反対ですが、上体を一枚の板、一本の棒のように使って回転するのはまったく同じです。

ただ、「肘煽り」と同様、背面側に回転するときは、腰が曲がったり、反ったりしやすいので、【仙骨の締め】をしっかりと意識してください。股関節より上を固定して、膝で回転するようにする。

四方投げ

1：向かい合って立ち、右手で相手の右手首を掴む。

2：掴んだ右手を捻りながら外に引き出して上げ、そこへ左半身を入れる。

コツ▶左肩の【肩の内回し】で、自分の左肘を相手の右肘にぶつけるようにして上げる。これで相手は、肘を返して逃げることができなくなる（2'）。

3～4：右足を相手の右後ろに移し、膝で身体の向きを変える。

コツ▶相手の手を上げるときは、持ち上げるのではなく、「腕を斜め上に伸ばす」という意識で行う。そして、常に自分の額の前に位置させ、鼻、へそ、手の「三点セット」が同時に動くように回る（※1）。

4'～5：伸ばした手を自分のへそへ、円を描くように引き寄せる。

■内腕返し

「内腕返し」は、「小手投げ」とも、「四方投げ」とも似た技ですが、こちらは回転動作での崩しではなく、前進しながら相手の腕を極める際の、左前構えから右前構えへ転身動作に違いがあります。

「小手返し」同様、現実的には向かってくるパンチを捕み、投げるのは非常に難しいことです。むしろ自分から手を捕りにいった方が現実的であると思います。相手のパンチに対する対応も稽古しておきましょう。

内腕返し

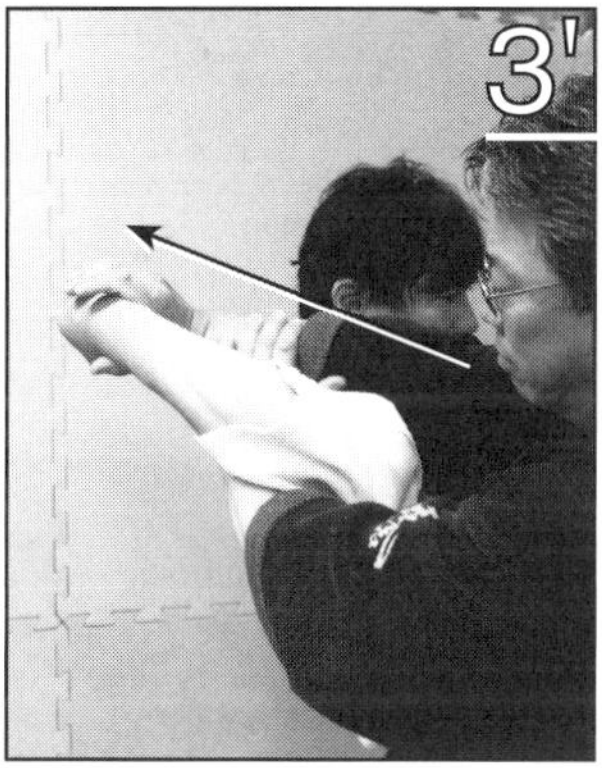

1～2：相手の右の突きを、自分の懐に導くように、左前腕で受け流す。このとき、右手で顔面をカバーする。上手く受け流すことができたら、相手の右手首を右手で掴み、自分から離さずに固定して、体重を乗せる。重心を乗せることで、相手の重心を狂わせることができる。

3～4：左腕を相手の肘に乗せ、右手を上げて相手の腕を極めつつ、右足を踏み込み、相手を後ろに崩す。

コツ 踏み込むときに、腰が反りやすいため、仙骨を締める力で身体を押し出し、前進する。相手の右股関節にこちらの右股関節をぶつけるように意識する。
腕を極めるときは、両腕を斜め前に伸ばす意識で行う。はじめから下に落とそうとするのではなく、自分の腕を伸ばすことで、相手の二の腕は上がり、手首がさがる。つまり、極めがきつくなる（3'）。

5：相手を投げる。腕を極めたまま倒してから引き上げて、さらに極めるか、あるいは他の技に繋げることもできる（腕を極めた時点で折るというシチュエーションであれば、写真のように投げ捨てるのが自然）。

■脇捕り

回転動作と、腕の使い方の協調させる技法です。やはり実際に向かってくる突きを捕らえるのは容易ではありません。

「脇捕り」は、よくアクションものの映画などでも登場する技です。相手のパンチを脇で挟んで止めて、肩と肘の関節を極めて、投げる技です。パンチがくる方向に応じて若干の違いは出てきますが、大別して動きは2通りです。

1つは、相手の右のパンチを左脇で抱えた場合（裏）、もう1つは右パンチを右脇で抱えた場合（表）です。もちろん左右逆の動きもありますが、同じ事なので各自応用してください。

1．脇捕り（裏）

自分も相手も左構えから、相手が右で突いてきた場合に、これを自分の右脇で捕らえる方法です。

身体の向きを変える動きで相手を落としますが、「三点セット」に気をつけ、身体が捻れないようにします。また、【仙骨の締め】を維持して、落とす動作も腰を引いたり、股関節を後ろにさげたりしないことに注意する。

脇捕り（裏）

1～2：相手が右で突いてきた場合、左腕で受け流し、自分の右脇に誘い込む。受け手は肘を 90°に曲げ、手よりも肘を優先して出し、突きに触れると同時に、手のひらを返すようにする。

3：相手の右手を右脇で締め、左腕で相手の肘を極める。

コツ【仙骨の締め】を意識して、股関節を後ろにさげない。このまま膝を使って重心を落とすと、相手の体勢が崩れ、肘が伸びて極めやすくなる。

4～5：相手を落とす。

コツ【肩の内回し】の要領で、弧を描くことで、相手が肘を曲げても腕全体が極まる（※1）。回転するときは、「三点セット」に気をつける。

2. 脇捕り（表）

自分が左構え、相手が右構えの状態で、相手の左の突きを、右脇で捕らえる場合です。

この技では、途中何回か転身動作が入ってきますが、身体が捻れて動かないように、膝から上が一本の棒でつながっているかのように意識してください。

1～2：相手が左で突いてきた場合、右腕で受る。
右前腕で受けつつ、左手で顔面をカバーしておく。

コツ▶受けるときに腰が引けて、股関節が後ろにさがってしまいやすい。また、この時点で体軸が崩れていると、相手の突きに負けてしまう。【仙骨の締め】、【首の後ろ固定】で体軸をつくり、【肩の前固定】で腕を強化すること。

脇捕り（裏）

3：受け流した左腕を右脇で捕らえる。

コツ▶このとき、右手で拳を握り、拳と相手の身体との間にやや隙間を空けておくこと（※２、下図）。
脇を締めたまま，拳を矢印の方向へ突くようにすると、腕が極まる。

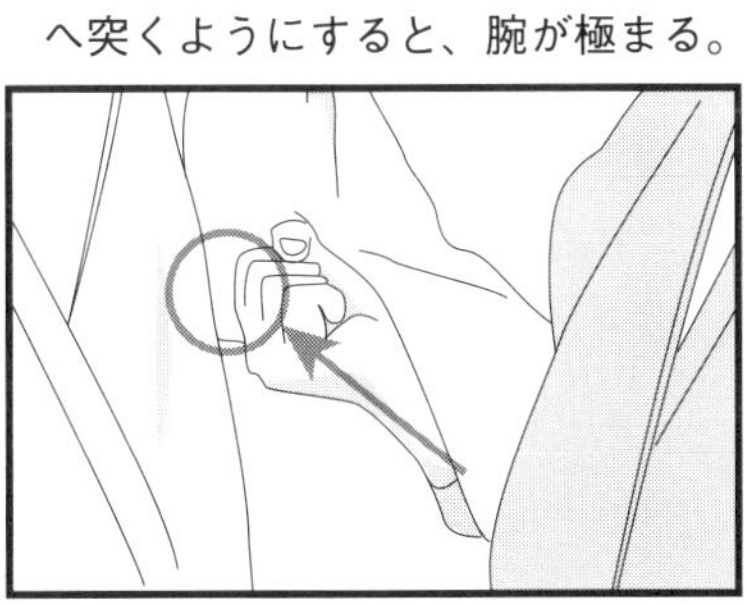

４：右足を右に回し、相手の左腕を煽り、相手を前に崩す。腕で煽るのではなく、背中を伸ばして背中で煽る意識。

５～６：左足を相手の左足の後ろに移し、左手や左腕を肩にかけ、相手が体勢を戻そうとする反動を利用して投げる。足はかけても、かけなくてもよい。

コツ▶膝から上を一本の棒のように意識して、膝で導いて、体軸を立てたまま相手に重さをかける。つねに、鼻、へそ、手の三点セットが同時に動くこと（※３）。

■逆襷

引き続き、相手の突きを捕らえて倒す技として、「逆襷（ぎゃくたすき）」を紹介します。

この技は、突いてきた（掴んできた）相手の腕をかわし、これを相手の首ごと下から襷を掛けるように両腕を巻き付け、首を極めて投げる技です。

やはり、現実的には相手の突きを受け流して懐に入るのは難しいことですが、相手の掴みや突きの「起こり」をとらえて、こちらから懐に潜り込むという意識をもって行います。この技で、相手の懐に入るタイミングと意識を稽古できます。

1～3：相手の右の突きを、左足に軸を移しながら、左腕で受け流す。さらに、右足で相手の正面に踏み込みながら右腕で相手の首に巻き付け、同時に左腕を相手の脇の下から相手の肩ごと巻き付けて相手の首の後ろで両手をつなぐ。

コツ▶相手の懐に潜り込むときに、どうしても腰が引けて、上半身だけが突っ込みがちだが、常に【仙骨の締め】で体軸を立てるよう意識する。

逆　襷

３の補足：自分の頭を相手の側頭部に密着させ、相手の腕を固めるが、この時点で相手の腕が自由に動くようでは締める角度に問題がある。

４～５：肘打ちをするようにして相手の頭を巻き込みながら、右足を中心に左足を後ろに回し、相手を後ろに引き倒す。
最後に首を絞り上げ、極める。

別法：相手の側頭部に自分の前頭部を密着させて固定。そのまま、左足を後ろに引き、相手の身体との間にできた空間に相手を引き落とす。このとき、相手の首は逆「へ」の字になる。

■脇固め

「脇固め」は単純かつ効果的な技として、柔道・プロレスなどでも使われ、また警察の逮捕術でも指導されるものです。相手にもたれかかると思われている単純な技ですが、実はもたれかからない方がよい、姿勢によって効き目の差が分かりやすくでる技です。

ここでは相手が胸を掴んできた場合ですが、こちらから捕りに行く、あるいは相手の攻撃を捕らえて行う場合もあります。

1：相手が右手でこちらの襟を掴んでくるので、素早く体軸をつくり、次の動きに備える。

2：右手で相手の手を掴み、胸で押すように相手の手を密着させる。次に、左足を出しながら左前腕で相手の右肘を下から押し上げる。

コツ▶両肩と両股関節を結ぶ四角形が歪まないように注意する。相手の肘を押し上げるとき、【肩の内回し】の要領で行うと、相手の腕を返しやすい。

脇固め

3：右足を回しながら、2の【肩の内回し】の延長で、相手の腕を巻き込み、手を自分のへそに導いてくる。へそを自分の軸、中心であると意識する。

4：仙骨を締めて、体軸を立て、手首と肘を同時に極めながら重心を落としてゆく。

（コツ）【仙骨の締め】を意識して、体軸を床に対して垂直に立てたまま、沈める。膝を前に出すように意識して、決して股関節を後ろにさげない。また、相手に寄りかかるようにしてはいけないので注意する。

■首投げ

「首投げ」も、「脇固め」と同様に、腕力でもできる技だけに、自分の体重を使えるか使えないかで、効き目に差が出る技です。

ほとんどの人は自分の腰に相手をのせて投げようと、尻を相手にぶつけるようにしています。つまり股関節を後ろにさげ、屈筋を使って投げようとしているのです。しかしこれでは、相手はその力に逆らうことができ、なかなか投げられません。ここでは、屈筋を使わずに、背中を使って投げる方法を説明します。

首投げ

1：首を捕るときは、肘打ちをするような感じで入っていくと、深く捕ることができる。

2～3：膝を前に出すつもりで重心を沈め、背筋を伸ばす。

コツ▶【仙骨の締め】を意識して、股関節を後ろにさげない。むしろ前に出すつもりの方がよい。このまま膝を使って重心を落とす。
ここで相手を腰に乗せようとすると、どうしても股関節は後ろにさがり、体軸が弱くなってしまう。

4：相手を落とす。

コツ▶3の状態から体重をかけ続けると、一度は覆い被さられる形になるが、首を放さずに転がるようにすると、自然と押さえ込む形になる。

■首折り

「首折り」は、「首投げ」と表裏の関係ですので、同時に紹介しておきます。先ほどの「首投げ」が相手と自分が同じ方向を向いていたのに対し、「首折り」は反対を向いています。

「首折」は、タックルに対する技として、大変有効な技です。

タックル対策としては、基本的に寸前でかわすというのが理想ですが、相手を脇で捕まえられるなら、この技が有効です。

首折り

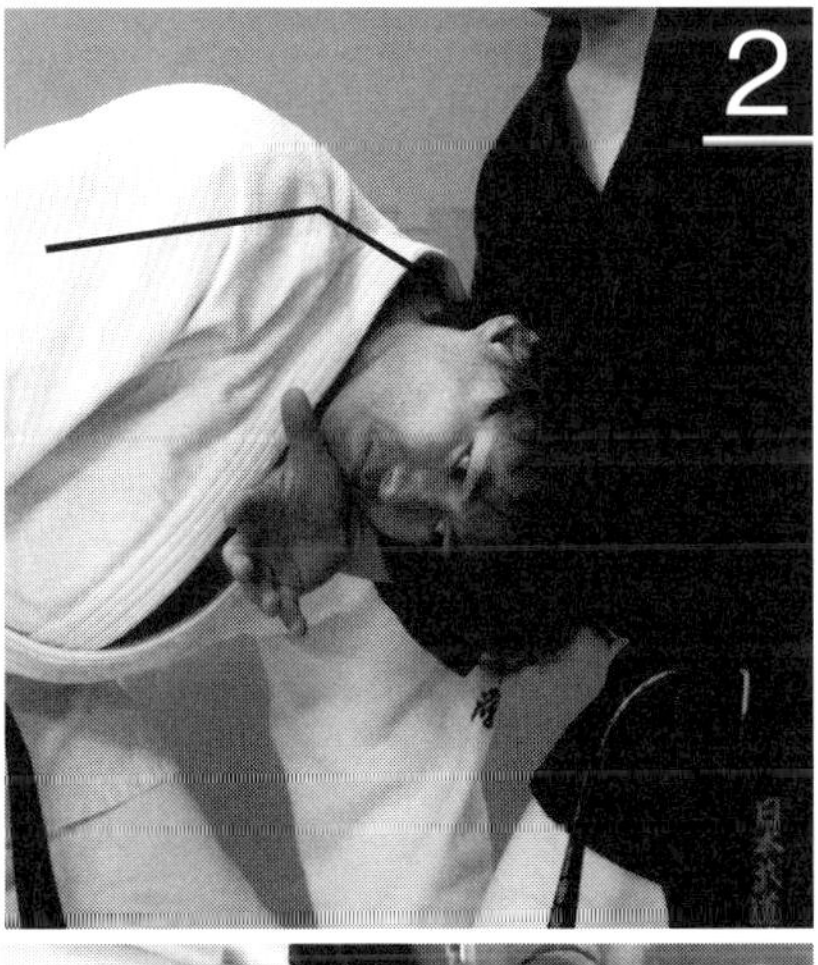

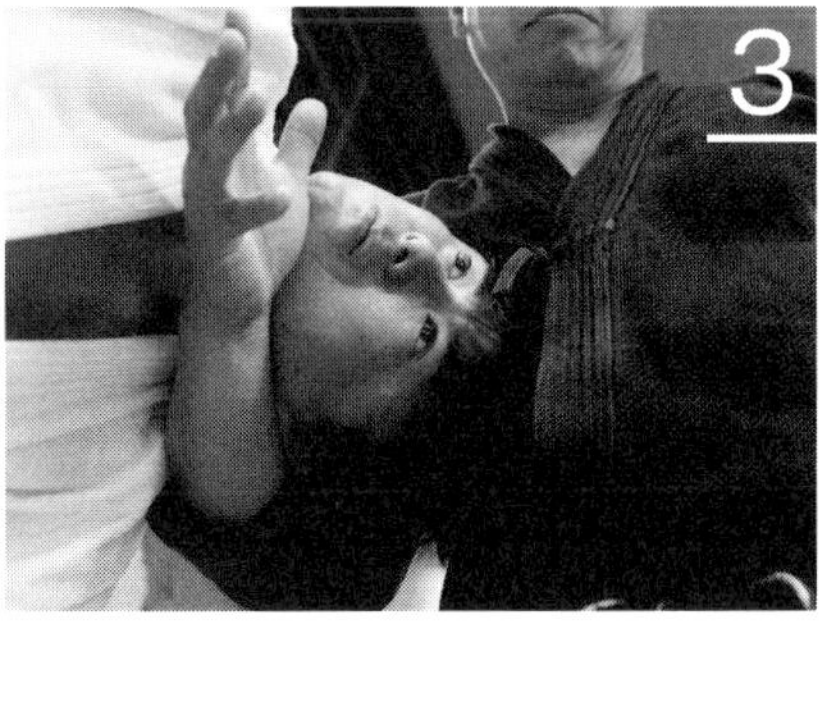

1：相手が胴タックルに来たら、仙骨の締めで股関節を前に押しだし、体軸をつくりながら、相手の首を上から脇で抱えます。

(コツ)股関節を下げてしますとたちまち押し込まれてしまうので、【仙骨の締め】を忘れない。また、「頭が入ってから締める」よりも、「脇を締めておいてその中に相手の頭が入ってくる」という意識をする。

2～3：右脇で捕まえた場合、右前腕で、相手の左耳からあごにかけて、斜めに掛ける。
そのまま、右手の親指を反らせ、右肘で斜め下に肘打ちをするつもりで、巻き込みながら相手の首をつり上げ、相手の首を「へ」の字にする。

(コツ)腕で相手を持ち上げるのではなく、腕を締めたまま固定し、背筋を伸ばし、背中でつり上げる感覚。
同時に膝を曲げ、重心を瞬時に落とす。もちろん、股関節が後ろにさがってはいけない。

■襟引き落とし

「襟引き落とし」は、相手の奥襟を掴んで、引き落とす技です。この技は、見た目力技にも見えますが、本当にそうであれば、相当の体重差と筋力差がなければ成立しないでしょう。

これを強引な力で行わず、「技」として行うのは、少し高度な技になるかもしれませんが、原理はこれまで説明してきた技と同じです。

「ブレない体軸」をつくること、そして自分の体重を有効に使う技術、その体重をロスなく相手に伝える腕。これらを総合して使うことで可能になるのです。おそらくコツを知らない人の目には、「わけの分からない不思議な技」と映るでしょう。

ですが、ここまで稽古と体感をもって読み進められてきた方であれば、これが不思議な技でも、力技でもなく、効率良く身体を使った結果だと看破してもらえるはずです。

この技のポイントは背中です。仙骨を締め、首を後ろ固定し、腰筋を緊張させ、背中の遊びをなくす。背中を一塊にして、ブレない体軸をつくり、体幹部を捻ることなく、自分の体重を伝えます。

ぜひ身につけて、ご自分で他のいろいろな技に応用してください。

襟引き落とし

1：相手と正対して立ち、右手で奥襟を掴みます。（胸襟でも良い）左手は、相手の右袖を掴みます。

（コツ）肩を固定するのには、肩の筋肉でなく、背中で固定する。肩に力が入ってしまうと、それに相手が反応して抵抗しようとします。【肩の後ろ固定】を意識しましょう。

2～3：重心を沈めていき、相手の膝が崩れたところで、身体をやや右に向け、相手を投げます。

（コツ）相手が崩れるまで、体軸を立てたまま垂直に沈み込む。相手に体重をかけようとすると、つい上体が前屈みになり、股関節が後ろにさがってしまいます。【仙骨の締め】【首の後ろ固定】の意識を保ったまま、膝で沈む感覚を掴みましょう。最後に投げる際も、腰で捻らずに膝で身体の向きをかえるという感覚です。

第四章

知っておきたい身体の機能

◯運動は身体にどのような影響を与えるのか

運動は体にどのような影響を与えるのか

この章では、身体の機能について、武道をする皆さんに知っておいてもらいたいことについて、書いていきます。

まず、運動が体にどのような影響を与えるのかを簡単に箇条書きしてみます。（特殊な訓練をしている人は除きます。）

脳――――――適度な運動は気分を爽快にして過度のストレスを発散させてくれます。有酸素運動による心地よい疲労感が海馬や前頭葉を刺激し、やる気を起こします。夜も良く眠れるようになります。カテコールアミンと呼ばれる物質がストレスを感じさせ、「イライラ感」や「不安感」を持たせるのですが、有酸素運動をすることにより、それらは代謝され、結果落ち着きと精神安定をもたらしてくれるのです。

呼吸器系――――換気量つまり呼吸が深くなり効率的に酸素を取り入れることができるようになり、首から下腹部までにいたる呼吸筋を鍛えることになるため、筋肉量も増えることになる。

心臓・血管系――運動を続けることにより心臓の収縮力も強くなり、一度に多くの血液を送り込むことができるようになるため、よりハードな運動に耐えられるようになる。そして注目するべきことは善玉コレステロールが増えるので動脈硬化の防止、肥満解消にも役立つ。

消化器系――運動は食欲を増進させ、胃腸の運動も活発化させますから、消化はよくなり、整腸作用があり、排便リズムにも良い影響を与えます。
そして何よりも「エネルギーは内臓から」との言葉通り、消化器をはじめとする内臓が不健康になると「やる気」を失ってしまいます。骨折などでは「やる気」を失うことはなくても、ちょっとした風邪で「やる気」が無くなるのは誰もが経験したことがあるでしょう。
医学的にも多くのエネルギーと熱量を生産する内臓。断食とまではいかなくとも、内臓を休ませるための食生活と同様、血流量を増やすための運動は必要不可欠なものです。

骨・関節・筋肉――関節を動かすことで、関節を滑らかに動かすための液がいきわたり、軟骨に栄養を与えます。筋肉を強化するということは結局関節と骨を強化することにつながるのです。そのためには仙骨を中心に骨格を正しく意識する必要があるのです。そうすることがインナー・マッスルである腸腰筋を鍛えることになり内臓の強化にもつながってくるのです。

また、運動による骨に対する負荷は、骨を丈夫にしてくれます。若くして骨粗鬆症で病院に駆け込んでいる人の話を、最近はよく耳にします。病院では薬を飲むように言われ、定期的に注射を受けることになります。しかし、効果がない……！ これは当たり前のことで、そもそも若い人が骨粗鬆症になるということは運動不足が疑われます。いくらカルシウムなどの栄養素を送り込んでも、骨が刺激を受けておらず、身体が「必要がない」と判断している限り、それらは吸収されないのです。運動による刺激を与えて、身体に「このままではマズイ」と判断させてはじめて栄養素を吸収しはじめるのです。本末転倒とはまさにこのことです。

以上、簡単にあげましたが、つまり運動をするということは血液を送るポンプである心臓を強くすることであり、骨や筋肉を鍛えるということです。その過程で脂肪が減り、余分な糖分も体内に残らず体温を維持することができ、免疫力が強くなるのです。日常生活が便利になり体を動かさなくなった今、心がけて運動しなければならなくなったといえるでしょう。

■運動、脳、成長

武道の技の上達を目指す我々修行者にとって、技を覚える記憶中枢である脳の働きを知っておくことは有用なことです。そこで、運動による脳発達と成長について、簡単に紹介したいと思います。

運動が、肉体面においては筋肉、循環器系、呼吸器官系等を鍛え、健康をもたらしてくれることは、先に紹介しました。しかし、その一方で、筋肉では説明できない部分、例えば、ストレスの軽減、技術の習得、それに人格形成にも運動が関わってくることを、我々は経験的に知っています。そういった効果が、なぜあるのかと改めて問われると、説明できない方も多くいるはずです。

脳のなかには海馬《かいば》という記憶に関係した場所があります。最近の研究で、海馬の神経細胞＝ニューロンが、運動によって増加することが発見されました。ただ、この増加には面白い条件があり、好きな運動では増えるのに、嫌いな運動をしても増えないようです。

好き嫌いの判別をどのようにしているかは不明ですが、運動により電気刺激を頻繁に与えると、刺激を受けた軸索《じくさく》に接続するニューロン間の接合部であるシナプスの伝達効率は上昇し、長期的には海馬や大脳皮質のシナプスのネットワークが増強されると考えられています。つまりシナプスの増強には反復練習が必要不可欠であるということです。

規則的な運動によって、脳への血量すなわち酸素供給量が増え、アストロサイト（神経細胞を養ったり必要がなくなった神経伝達物質を排除する）などのエネルギー源が増えて、知的活動が活発になり、集中力が向上、ひいてはアルツハイマーなどの認知症予防になることがわかってきました。

また運動中と運動後に脳から分泌される化学物質、ドーパミン、セロトニン、ノルアドレナリンによってストレスや不安の解消が促進されます。

その理由として、運動時はセロトニンにより脳の周波数が下がり、β波が抑制されるためであると考えられています。また、運動学習によって増強された、大脳皮質における神経回路は、反復練習によって、多量のニューロンを活動させなくとも働くようになっていきます。

本来、運動を起こすための電気活動は大脳皮質の前頭葉の前頭前野から起こります。そして運動準備電位は運動開始の1～2秒前から生じるといわれていますが、武道の有段者やスポーツの選手ではだいたい0.2～0.5秒前から脳の活動が始まるようになり、急速に大きくなります。

一般人と比較して、はるかに短い時間で運動を開始することができるのです。その理由は運動の一流選手の場合、脳の伝達回路は単純化され、煩雑な手順を踏まなくともよくなっているということです。このことは私が言っている「剛から柔へ」の論理と同じで、脳という視点から見ても間違いのないことなのです。

このような脳の機能は、小脳の機能に関する最近の研究によっても報告されています。読売新聞だったと思うのですが、「技の記憶は小脳で」というタイトルの記事を私なりに解釈して要約するとこうです。

自転車乗り、楽器の演奏などを体で覚える時には、脳のどの部分に技の記憶させるのかを磁気共鳴断層撮影を使って調べたところ、大脳であるという今までの考えはくつがえされ、小脳に記憶されていることが判明。

小脳には、初め大量の誤差の情報が送られてくるため広い範囲でそれに対応しようとするが、やがて狭い特定の領域が「正解」を覚えるようになる。やがて意識しなくともうまく操作できるようになるのである。それは小脳だけで対応するようになるからである。

これまで「小脳は動作の誤りを修正するだけだとする説が有力」で「技をおぼえるのはやはり大脳」という考えが強かった。

本来「小脳は体の平衡を保ち、筋肉を調節するなど運動に深く関っている」とされていたが、先に書いた「脳の伝達回路の単純化」はまさしくこのことを指しているようです。職人芸といわれるものは小脳芸と言い換えることができそうです。

■運動と睡眠

日本では、不眠で睡眠薬を服用している人は数百万人にのぼるといわれています。アメリカでも不眠に悩む人は5000万人とも7000万人とも言われております。

睡眠とは、人間の生命活動において絶対必要なものです。一昼夜以上眠らないと、明らかに身体機能の低下が見られます。飲酒運転と認定されるほど、酔っているのと同じくらいの能力低下が見られます。

その一時的な身体能力の低下とともに、睡眠不足は、高血圧、心臓病、脳卒中のリスクを高め、肥満、糖尿病の要因にもなるとされています。

武道やスポーツをする人にとっても、反射神経や持続力に問題がでてくるのは明らかです。そうなっては怪我を招く要因にもなりますし、自覚はできなくとも心臓や神経に負担がかかり、選手生命を短くすることにもなりますので、睡眠不足は絶対に避けたいものです。

睡眠時にのみに分泌される成長ホルモンは、疲労した肉体を回復に向かわせ、次の日の元気な活動につなげてくれるのです。

睡眠要求が低下するのは「全てが順調にいっている時期」あるいは「楽しい日々を送っているとき」のみであって、ストレスにより、睡眠時間はどんどん増える傾向があるのです。

■音楽と人間の聴力

「歌は世につれ、世は歌につれ」と言われています。

音楽と人間の関りは古代ローマ時代にまで遡ると言われています。原住民の踊りなどにあわせて鳴らされるものを含めると、人間の歴史と共にあるといってもよいのかもしれません。

そのころの音楽は神や自然など人間が畏怖する対象に捧げられるもので、呪術や祭事などと共に発展してきました。音楽の持つ力が人の心を慰め勇気付けてくれるものであるからなのかもしれません。私自身も何度か音楽を聴くことによって慰められ、勇気付けられたという経験があります。

心理療法の一つに「音楽療法」というのがありますが、音楽を聴かせることにより、直接感情にはたらきかけて、その場の情動を発散させ、身体的運動を促す効果があります。しかし選曲には気をつけなければなりません。悲しい時に聴く曲は、自分の感情に最も近い曲を選ぶべきです。これを同調効果と言います。悲しいからといって元気付けににぎやかな曲を聴くと逆効果になってしまう可能性が大きいからです。

懐かしい曲を聴くとその頃のエネルギーがわいてくるといいます。人間は十代に聴いた曲にかえっていくというのも十代のエネルギーの欲しさからなのかもしれません。自分が上手くいかなかった時代の曲を聴きたくないとは思わないのです。むしろ時々聴きたくすらなるものです。

耳は集中力を養う上でも非常に重要な要素をしめる場所です。座頭市ではありませんが相手の気配を感じたり動きを捉えたりすることも訓練によりかなりのレベルまであげることができます。今、武道やスポーツでは耳を使うというトレーニングはしていませんが、これから先、聴力をレベルアップさせることにより運動能力や反射をレベルアップする日が必ず来るのではないかと思っています。特に一人による競技より対人間の競技のレベルアップには有効な稽古となるでしょう。

■運動と心臓

運動時に体内で起きていることを、心臓からみてみましょう。

心臓の拍動、つまり心臓が一度「ドッキン」とすることで大動脈に排出される血液量は、1回で70㎖です。つまり、1分間に約5ℓ、一日では約7200ℓにもなります。

ある試算では、一生で送られる血液量はジャンボジェット機の7機分ほどであるとも言われています。

運動している体は、運動の種類にもよりますが、筋肉が休んでいる時の5~10倍もの酸素を使います。これを補うために私たちの身体は血液の循環量が増やそうとします。心拍出量や心拍数は増え、血圧は上昇し筋肉や心臓の血管は拡張します。

ちなみに、正常な動脈血管の場合、安静時の血圧の十倍以上、１２００ミリ水銀柱にも耐えられます。（ミリ水銀柱……一般に、血圧値を表すのに水銀柱の高さを用いています。例えば、収縮期血圧が１００ミリ水銀柱は、水銀柱にして10センチ、水の高さでは１３６センチの高さに等しい圧力が、血管壁にかかっていることになります。）

軽い運動時や、運動の初期には、筋肉内の毛細血管が広がるだけで、脈の回数に大きな変化はみられませんが、運動量が大きくなるにつれ心拍数も増え、脾臓や肝臓に貯えられていた血液も動員され始めます。

例えば１００メートル競争では心拍数１００～１２０回になり、４００メートル競争では２００回以上にもなるのです。トライアスロンをする人が「鉄の心臓」と言われるゆえんです。

運動がある程度以上になると、心拍数は増え、心臓の収縮する力も強くなり血圧も上がります。

この時、脈圧（最高血圧と最低血圧の差、血圧が１２０～70水銀柱であれば、１２０引く70で脈圧は50となります）は大きな意味をもちます。この脈圧こそが細胞に栄養を与える鍵になり、運動を支える要素となるのです。

この脈圧の減少は運動中の急性心臓衰弱を招いてしまいます。

運動時の脈圧の減少は心臓衰弱の兆候です。このような症状がおきると、見るからに、血の気がなくなり顔が蒼ざめてきます。呼吸は浅くなり心臓の拍動が弱くなります。最高血圧は１００以下、脈圧は30以下に下がってしまうのです。意識はもうろうとなり、最後は気を失ってしまいます。

もしこのような状況になってしまった場合、安静にして足を挙げ、頭と心臓を低くし、脳貧血を改善するようにして、その場をしのぐことが必要です。

■血圧

血液は心臓の収縮によって全身に押し出されていきます。「血圧」とは、この時の血液の流れる圧力のことです。言いかえれば、血液が血管の壁を押す力ということができます。

血圧は心臓から押し出された直後の、胸部大動脈が最大であり、末端へ行くほど低くなっていきます。それは、水道水が水道局から流され、水道管を流れるときと同じです。

つまり、場所によって血圧が違うのです。場所によって違っているものを比べても指標になりません。ですから、血圧を測るときは病院でも、家庭でも計る場所を決めているのです。

一般には上腕動脈が使われていますが、それは心臓の出口である胸部大動脈の血圧と比較しても大差がないという利点があるからです。

■脈

脈とは心臓から送り出された血液が弾力性の強い大動脈をふくらませ、そのふくらみは次のふくらみを作るという繰り返しによってだんだんと末端の動脈へ向かって移動したものを、「脈」として感じ取っているのです。

一般的には、1分間で90回以上のとき「頻脈」といい、50回以下のとき「徐脈」といいます。

その他、血流の速さや動脈壁の張り具合で、速脈・遅脈・硬脈・軟脈などに分けられます。

インドの伝統民間療法である「アユールベーダ」では、脈をとることで、病気を探ることも行われるようです。

脈について勘違いされやすいこととしては、脈とは心臓の拍動によって拡げられる動脈のふくらみが抹消のほうへ伝えられるものであって、必ずしも血液の流れを示すものではないということです。

実際、血液の流れが動脈内で1秒間に数十センチであるのに対して、脈は1秒間に7メートル前後ぐらい伝わります。血流が心臓から手首まで1秒以上かかるのに比べ、脈は0.1秒ぐらいで到達します。

すなわち、脈は血管の壁を伝わる波といえるのです。当然、血管壁の張りが強いと波は速く伝わり、弱いと遅く伝わります。つまり、動脈硬化などで動脈壁が硬くなっている人の場合は早くなり、弾力性豊かな軟らかい人の血管では遅くなるのです。

■脈拍数と疲れ

脈拍が速い状態が長くつづくと、人は疲労を覚えます。

「車を長距離運転すると疲れる」ことはよく知られていますが、自分の足で走っているわけではないのに、なぜ疲れるのかといえば、脈拍が速くなると代謝が促進されるからなのです。

車の運転時は、脈拍が１２０にもなります。10回増えると、代謝は10％促進するといいますから、長距離となれば疲れて当然なのです。

ちなみに、私は運転しても疲れません。３日続けて1日５００キロ走っても疲れないのです。私の父も運転では疲れたことがない人だから遺伝なのでしょうか？　あるとき運転時に脈拍を測ってみると、60と低く抑えられていました。

Ｆ１のレーサーのシューマッハ選手は、レースの最中でも脈拍が速くならないと聞いたことがあります。だからこそ長い間トップレーサーでいられるのでしょう。

■血液

「サラサラ血」が健康のバロメーターであると、血液の循環が注目を浴びて久しいようです。

60兆もあると言われている全身の細胞に、酸素や各種の栄養、そして色々なばい菌を殺す兵隊（白血球）を運び、そして各細胞から出る老廃物を運ぶのが血液の役割です。

この血液がドロドロになってしまうと血管内の流れは悪くなり、あちらこちらで詰まった状態になってしまいます。それが様々な病気の原因となるのです。

東洋医学ではこれを「瘀血《おけつ》」と呼び、これを体外に出して治療する方法もとられています。全ては血液によって生かされているのです。

■運動と血液量

握力を鍛える運動に、こぶしを何度も繰り返して握りしめるというのがあります。このとき、体内をはしる血管内では何がおきているのでしょうか。

握ったり、開いたりを百回も繰り返すと、血流が何もしない時の数十倍になっています。見た目だけでも血管が拡張しているのがわかりますし、こぶしを握った時、何故かむくんだ感じがすると思います。このように使っている場所に血液はまわされます。頭を使えば頭へ、ものを食べると胃へ、恐怖や怒りの感情が強いと肺・心臓・筋肉へ血液が大量に配給されるのです。血液は必要なところへ多く供給されるようになっているのです。

■ストレスとどろどろ血

ライオンやシマウマに限らず、人間でも敵に出会ったり、戦う状態になるとアドレナリンが血液の中に増え、血管が収縮します。

実は、アドレナリンという物質、意外なくせもので、血液をどろどろにする作用もあります。これは動物が戦って出血をしても、体外に流れ出る出血量を最小限に食い止めるという、自然の働きなのです。

今、幸せの国、日本では「サラサラ血」なる言葉が流行るほど、食べ物の影響で血液がどろどろになっています。しかし、もう一つの原因も忘れてはいけません。それはストレスや興奮・怒りなど、アドレナリンが増える環境にいるということでもあるのです。

いくら食べ物に気を使い、サラサラ血になるようなものを食べたり、アルカリ食品を食べても、少しでも頭に血が上ったり、ストレスをためると、たちまち血液はドロドロで酸性になってしまうのです。

■どれくらいの出血で死ぬのか

動物は一気に大量に出血すると死んでしまいます。

なぜ出血多量で死んでしまうのか。まず血圧が下がり、心臓や脳などの大切な部分へ血が流れなくなり、ショック状態が起きるためです。

血液は体重の13分の１（7～８％）程度だと言われています。

体重が60キロの人だと約５ℓが血液量だということになります。よく男性で3分の1、女性は半分の血液がなくなると、死にいたると言われていますが、精神的な作用も大きいので一概には言えないようです。

（ショック状態……心筋梗塞や怪我などにより心臓の働きが急に落ちてしまったり、大出血を起こした時、細菌感染を起こし、敗血症になった時など血圧が80～60㎜Ｈg以下になり顔色は悪く冷や汗をかき、手足が冷たくて意識がもうろうとし、呼吸も苦しくなる状態）

■筋肉

我々、人間は生活するために歩き、走り、食事を楽しみ、道具を使っていますが、これは全て筋肉のなせる技です。

創造主は自然界を生物界と無生物界にわけ、さらには生物界を大きく動物と植物とに分けたといいます。動物と植物の最大の違いは移動できるかどうかといってもよいと思います。確かに植物にも花が咲くなどの動きはありますが、この場合花弁の基部にある空洞が高圧の液体でみたされ、固くなることによって開くのであって、その空洞がからになると花弁は閉じてしまう。この原始的な装置は男性のペニスと同じ原理です。

筋肉は約２００種類、６００個以上も存在し、その重量は男性で40～50％、女性で30～40％と言われていますが、もちろん鍛えている人ほど割合は高くなります。

筋肉は、大きく分けて横紋筋・心筋と平滑筋の3種類です。

横紋筋は骨格につく骨格筋で、心臓を構成しているのが心筋です。

平滑筋は胃腸や血管・膀胱・子宮といった内臓にあるため、内臓筋ともいわれています。

横紋筋は筋線維ともいい、その太さは０．０５～0.2ミリほどで、長さは場所によって違います。筋肉はこの線維が数百本から数千本も集まったもので、数十本から数百本の束ごとに一本の運動神経（ニューロン）の支配を受けています。

■筋肉の生理

筋肉が働くにはエネルギーが必要です。そのエネルギーは我々が口にする食物から得られます。食物の中の炭水化物や糖分は、胃腸で消化されてブドウ糖に代わり、小腸で吸収されて、血液とともに全身の細胞へと送り込まれます。血液中から細胞の中に取り込まれたブドウ糖は、赤血球が運んできた酸素と反応して、水と二酸化炭素に変わります。このときに発生したエネルギーで筋肉は動くのです。

■白筋と赤筋

筋肉は大きく分けて、「白筋」と「赤筋」の2種類がありその適応能力にも違いがあります。白筋は、実際の色は薄桃色で、赤筋は濃赤色をしています。動物にもその違いがあり、馬の筋肉は白筋で、牛は赤筋。（馬の肉をよく桜肉といいますが、その白筋の色からきているのかもしれません。）

白筋は瞬発力にすぐれていますが、血管もミオグロビン（ヘモグロビンに似たタンパク質。ヘモグロビンは血液の赤い素で細胞に酸素を運ぶ役割をもつ）も少なく、蓄積されていたエネルギーが使い果たされるとすぐにへたばってしまう傾向があります。

そして、同時に血液の流れが悪いために、乳酸などの疲労物質が貯まりやすいのです。

しかし、筋収縮の直接のエネルギー源であるＡＴＰ（アデノシン三燐酸）の分解速度が速く、筋収縮の速度を速めるのに役立っています。

また白筋は微妙な運動に適していて、まぶたや手の筋肉のようにほとんどが白筋線維でできているものもあります。

赤筋は長時間の作業にたえる持続力筋です。

赤筋線維にはミオグロビンが多く含まれていて酸素の吸収・拡散を容易にしています。そのため、ものを噛む筋肉、呼吸筋、姿勢を保つ筋肉は赤筋でできています。

白筋・赤筋の比率は遺伝の時点で決まっており、訓練によって比率を変えることはできないのです。持ち合わせた白筋・赤筋を鍛え上げるしかないのです。

ちなみに、ウサギには白兎と野ウサギがいますが、白兎の筋肉は白筋、野ウサギの筋肉は赤筋でできています。白兎はキツネなどに追われるとその瞬発力にものを言わせて、穴まで逃げ込むのですが、野ウサギは隠れ場所を持たないので、走りつづけることによってしか身を守れないのです。

さらに白兎の脈拍は２００もあるのに、野ウサギの脈拍は60しかありません。

飛べない鶏の翼は白筋で、空飛ぶ鳥の筋肉は赤筋でできていることも興味深いものがあります。動物界を調べると様々なおもしろい事に出会えそうです。

■「温熱療法」か「冷却療法」か

打撲や炎症を起こしたとき、その対処法として「温めるべきか」「冷やすべきか」を悩んだことはないだろうか？ 実は、実際ドクターによっても判断がまちまちであるほど難しい場合もあります。

「温熱療法」は温泉療法にも代表されるように、古くから人々に実践されていました。もう一方の「冷却療法」は、冷蔵という技術が生み出されてから本格的に取り入れられてきました。もちろん、「湿布」という言葉からもわかるように、布に水、酢、アルコールなどを含ませて湿らせ、気化熱を利用して冷やすものはありました。

しかし、怪我を治すのには身体の新陳代謝を高める必要がありますので、そのためには冷えた身体を温めることが基本です。温めることにより、交感神経（自律神経）の亢進を抑制し、副交感神経を働かせることで、筋肉の緊張緩和と血管の拡張を促し、本来の新陳代謝を取り戻そうとするのです。

これに対して、「冷却療法」は、熱を持っている患部を冷やすためとだけ思われがちですが、深部の血管拡張に対して温めるよりも効果的であるとのデータもあります。皮膚を冷やすと、最初その部位に血管収縮がおこりますが、5～10分ほどすると表面と深部の血流量は増えるのです。これにより温度が上がり、組織の栄養状態は改善されるのです。あくまでも、基本的には身体は温めておくべきもので、基礎体温も高い方が良いです。

炎症などの発熱状態を温めると、一時的に血管を拡張させ痛みがなくなることがありますが、症状を悪化させる場合がありますから気をつけなければなりません。冷やすにしても温めるにしても、身体に違和感を感じたら、その方法を中止した方がよいでしょう。

■腱

「腱」といってまず思い浮かべるのは、アキレス腱ではないでしょうか。アキレス腱は人体の中で最大の腱です。

アキレスとはギリシャ神話に出てくる英雄の名前です。アキレスが赤ん坊の時、母親が我が子を不死身にしようとして、スティック川に浸した時、うっかりして片方の足首をつけるのを忘れてしまった。そのために成人したアキレスはトロイ戦争の時ギリシャ随一の英雄として戦ったがパリス（アポロ）にその唯一の弱点である足首を射られて死んでしまう。そして、その名を足首の腱に名を残すことになった、というのがアキレス腱の名前の由来です。

一般に筋肉には「起始部」と「付着部」があって、前者は動きにくく固定点といわれ、後者は筋肉の収縮によって動くので動点ともいいます。

アキレス腱は動点側の腱であり、腓腹筋の起始側の腱は大腿骨にくっついています。

腱はとても強靭で、実験によると一平方センチあたり1.4トンの引っ張る力に耐えられるといわれています。（もちろん個人によって差はあります。）

腱とは本来、どこまでが腱でどこまでが筋肉であると明瞭に区別できないもので、筋組織の入り込んでいる腱ほど切れやすいのは事実です。

ただ、腱は切れても治りが早く、一ヶ月ほどでなおってしまいます。

腱の作用は、一般的に筋肉の力を一点に集中させることですが、膜状に広がった腱は逆に力を分散させるようにできています。合気道では、この腱の起始部や付着部を圧迫する技もあります。

■腱鞘炎

関節痛をおこす原因は関節炎・関節周囲炎・関節の変形・腫瘍や外傷によるものなど様々ですが、関節が痛むときは深部痛が特徴となりますし、関節周囲炎は関節を取り巻く筋肉・腱・結合組織などの炎症で腱鞘炎を代表とするものです。いずれも安静時や運動時に痛みを生じるもので、安静にして対処するほかはありません。

合気道の技の習得には、繰り返しの稽古が必要で、修行者にとって腱鞘炎は身近なものです。特定の技の稽古中に危険信号を感じたら、無理せず他の部位を使う稽古に移ることも大切です。

■無理な柔軟

子どもに運動を指導するとき、無理に柔軟体操をさせていませんか?

たしかに若い年代は、靭帯や腱が柔軟なため、関節の柔軟性は高く、比較的すぐに柔らかくなります。しかし、児童に激しいトレーニングをさせて極端な姿勢を強いると、靭帯や腱にストレスを与えてしまい、後々故障が出やすくなる可能性があります。

実際、10才未満のダンスや体操をする児童に多くの問題を起こしているのです。

どのような習い事でも、肉体的に無理を強いては後悔することになりかねません。今のような競争社会では少しでも早く始めさせることに親も躍起になっているようですが、早い時期から無理をさせても、ずっとその競技を続けて成功できる人はほんの一握りです。逆に無理がたたり、一生を棒に振ってしまう人も多くいることを忘れてはいけません。

自分の子どもを特別視して、英才教育を受けさせたい親心は分かります。ただ、目立つ人は極々一部で、目立たない人が大勢だということを忘れてはいけないのです。

■入浴

日本人の風呂好きは世界でもトップクラス。

これはアジア・モンスーン気候という、湿気が多く蒸し暑い自然環境も多く影響しているらしい。

この気候は、皮膚の分泌物が多くなり、汚れやすくなるため、汚れを落とし気分を爽快にするためには自然の成り行きだったのでしょう。

そしてこの習慣に拍車をかけたのが宗教です。水を注ぐことを「禊ぎ（みそぎ）」といいますが、これは人間が神と交流する前に身を清めるという意味合いから始まりました。そしてこの禊ぎ、やがて病気の治療として用いられるようになります。

温泉や神道の冷水浴に新しい水蒸気浴を持ち込んだのが仏教です。

はじめは坊さんの健康回復のためにのみあったようですが、やがて寺院が「施浴」として一般民衆に勧めるようになり、今の浴場に変化していったのです。これが定着するのは江戸時代になってからで、その様相も健康の回復の場から娯楽の一つ、精神の解放の場と変わっていきます。

温泉の歴史

温泉の歴史は古く、すでに神話の中に出てきます。

「伊予国風土紀」のなかに道後温泉のことが書いてあります。そこには「大国主命《おおくにぬしのみこと》がそこへ行って大分速見の水を海底を通して伊予に引いた」と書いてあります。大分速見の水は今の別府温泉のことで、この温泉を引いたのが道後温泉だというのです。この道後温泉は推古天皇（五五四～六二八）も入浴し、有名な道後温泉の碑をつくったということが伝説化しているほどです。

注― 日本の温泉の殆どは少彦名神《すくなびこなのかみ》（医薬治療の神様とされ大国主命と共に国土を開拓する）を祭っています。

入浴の効用、正しい入浴方法とは？

さて、日本の気候に合い、また神代からあった入浴という習慣。その正しい入り方を知る事によって日常生活はもとより、より効率的に運動の疲れやストレスを取り除くことができるのではないでしょうか。実は、入るお湯の温度を変えることで、肉体に様々な違った効果が現れ、これを利用することだってできるのです。。

1. 熱いお湯

熱いお湯は「活動神経」と言われる交感神経を刺激します。

心臓の動きは速くなり、血圧は急に上昇、胃の働きは低下（胃液の分泌低下）し、気持ちは緊張します。ですから熱いお湯の場合、入浴時間は短めで十分以内の方がよいでしょう。

胃潰瘍や胃酸過多の人や、寝起きの悪い人の朝風呂に適していると言えます。

2. ぬるいお湯

ぬるいお湯は、副交感神経を刺激し、心臓の動きをゆるやかにし、血圧は変わらないか、あるいはゆっくり低下します。

胃腸の働きは活発になります。アセチルコリンが分泌、アルファー波という脳波も出てくるため、心身ともにゆったりしてくるのです。入浴時間は20～30分とゆっくりくつろいで入るとよいでしょう。

高血圧・バセドウ病・不眠症・ストレスの多い人・胃弱・虚弱・食欲不振などの人にお勧めです。

日本式に肩までつかる風呂の場合、湯の水圧は５００キログラムにもなり、胸囲も2～3センチ、腹囲は3～5センチほど縮みます。この圧力が、皮下の血液やリンパ管を圧迫して血行をよくして、全身の代謝を活発にする働きがあります。特に下半身に位置する腎臓の血流もよくなるので排尿量も増えて「むくみ」や「冷え」をとる効果もあります。

■皮膚の洗浄・美容効果

入浴して体温が上昇し、毛穴が広がってくると、その広がった毛穴を通り皮脂が分泌されます。これが皮膚表面の汚れや、ばい菌を洗い流してくれると同時に、汗腺からの汗と混じって皮脂膜を作りだすのです。この皮脂膜は肌に潤いを与え、しっとりとした肌を作ってくれます。

毛穴が開いたら塩などを使って洗い、最後に冷水を浴びて毛穴を締めて、肌を引き締めるのもよいでしょう。

■浮力と健康

風呂に入るとアルキメデスの原理により、体重は通常の10分の1以下にもなります。

これにより、足腰の筋肉をはじめ、体の関節や筋肉が常日頃の重圧から解放され、心身のストレスの解消になります。

同時に腰痛・膝痛など痛みのある人の動作が容易になり、温熱による血行促進とあいまって痛みや麻痺の治療になります。膝や腰の悪い人がプール歩行をリハビリに利用するのもそのためです。

その他、白血球による「免疫能」の促進効果もあり、好中球、リンパ球、単球、好酸球、好塩基球など白血球の働きが入浴による温熱効果やリラックス効果、血流促進効果によって高められ、免疫能が促進されます。

■サウナ

サウナは、サウナ室内が高温のため温熱刺激による血管拡張によって血液の循環がよくなります。そのため内臓や筋肉への栄養補給がスムーズになり、腎臓への血流もよくなって排尿も増し、老廃物も排泄され血液が浄化されます。

サウナは酸素の消費量も増加し、心拍数も50～１００％増加、そのため心臓や循環器系に負担をかけるので高血圧や心臓病の人は利用を避けた方が良いのです。

サウナ浴と水風呂やシャワーを交互に行うと体表の血管の拡張と収縮を繰り返して血液循環をさらに良くしてくれるでしょう。

あとがき

第三章において、合気道の技をいくつも解説しましたが、お読みになれば分かるように、基本的には全て同じ動きの要素＝コツから成り立っています。だからこそ、「運動基礎理論」なのです。

本書で紹介した身体を動かすコツは、人間の運動の基本的要素なのですから、そのレベルアップは運動全体の底上げになるものです。

ですから一つの技ができると、気が付くと、他のいくつもの技ができるようになるという現象がおこります。

「ブレない体軸を作る」ことを心がけ、「三点セット」や「軸を体の中に置かない」、「仙骨で股関節を押し出す」など幾つかの点に気をつけた動きを身につけると、本書で紹介した以外の技に関しても、「へ～」と思うことが沢山でてくるはずです。読者の皆様もご自分の身体を通して、そういった「へ～」という気づきを積み重ねていただきたいと思います。

人間の身体とは何とも奥深いものです。私自身、まだ、なんとなく分かりかけてきた、というレベルです。まもなく50歳になりますが、いまだに気付くことがいくつもあります。

そして、新しいことに気が付くと、「もうないだろうな」といつも思うのですが、またしばらくすると新たな気付きがでてきます。

これからも、その繰り返しが続くのでしょう。これも「天佑」と思い、動けるうちは動きたいと考えております。

皆様にも、軸のある、合理的な動きを覚えていただき、合気道で覚えた技が、即、日常生活にも役立つような稽古をする一助にでもなれば幸いです。

最後に、私のつたない文章や解説を一般読者に理解しやすくしていただいたＢＡＢの近藤さん、そして何よりも、私を普段から支えてくれている家族や生徒に、この場を借りて感謝したいと思います。

吉田始史

著者◎吉田始史（よしだ　もとふみ）
1959年、北海道生まれ。15歳より空手を始め、合気武道や剣道など様々な武道を修行。その経験を基にあらゆる身体運動を解析する「運動基礎理論」を提唱する。また、'03年には、これを実践する生涯武道教育の場として「日本武道学舎」を開設。著書に『運動基礎理論が教える　武道のコツでスポーツに勝つ！』『仙骨のコツはすべてに通ず　仙骨姿勢講座』（共に弊社刊）。

※講習会開催予定、ご相談はお問い合わせ下さい。
FAX　011-387-5884
E-mail　nihonbudougakusya@topaz.plala.or.jp

運動基礎理論に学ぶ、武道のコツ
コツでできる！ 合気道

2008年11月10日　初版第1刷発行
2017年5月30日　初版第5刷発行

著　者　吉田 始史
発行者　東口 敏郎
発行所　株式会社ＢＡＢジャパン
〒151-0073 東京都渋谷区笹塚1-30-11 中村ビル
TEL　03-3469-0135
FAX　03-3469-0162
URL　http://www.bab.co.jp/
E-mail　shop@bab.co.jp
郵便振替 00140-7-116767
印刷・製本　株式会社シナノ

 ISBN978-4-86220-366-3 C2075

装丁：中野岳人　　イラスト：k.k- サン　Yuu-akatuki

Magazine

武道・武術の秘伝に迫る本物を求める入門者、稽古者、研究者のための専門誌

月刊 秘伝

古の時代より伝わる「身体の叡智」を今に伝える、最古で最新の武道・武術専門誌。柔術、剣術、居合、武器術をはじめ、合気武道、剣道、柔道、空手などの現代武道、さらには世界の古武術から護身術、療術にいたるまで、多彩な身体技法と身体情報を網羅。現代科学も舌を巻く「活殺自在」の深淵に迫る。毎月14日発売（月刊誌）

A4 変形判　146 頁　本体 917 円＋税

定期購読料 11,880 円（送料・手数料サービス）

※バックナンバーのご購入もできます。
在庫等、弊社までお尋ね下さい。

月刊『秘伝』オフィシャルサイト

古今東西の武道・武術・身体術理を追求する方のための総合情報サイト

秘伝　検索

web秘伝

http://webhiden.jp

武道・武術を始めたい方、上達したい方、
そのための情報を知りたい方、健康になりたい、
そして強くなりたい方など、身体文化を愛される
すべての方々の様々な要求に応える
コンテンツを随時更新していきます!!

秘伝トピックス

WEB秘伝オリジナル記事、写真や動画も交えて武道武術をさらに探求するコーナー。

フォトギャラリー

月刊『秘伝』取材時に撮影した達人の瞬間を写真・動画で公開！

達人・名人・秘伝の師範たち

月刊『秘伝』を彩る達人・名人・秘伝の師範たちのプロフィールを紹介するコーナー。

秘伝アーカイブ

月刊『秘伝』バックナンバーの貴重な記事がWEBで復活。編集部おすすめ記事満載。

道場ガイド

情報募集中！カンタン登録！

全国700以上の道場から、地域別、カテゴリー別、団体別に検索!!

行事ガイド

情報募集中！カンタン登録！

全国津々浦々で開催されている演武会や大会、イベント、セミナー情報を紹介。